山东省高等学校课程思政教学研究与实践中心
课程思政系列教材
总主编　王桂云

物联网工程专业课程思政教学指南

主编　赵淑芳　岳秀明

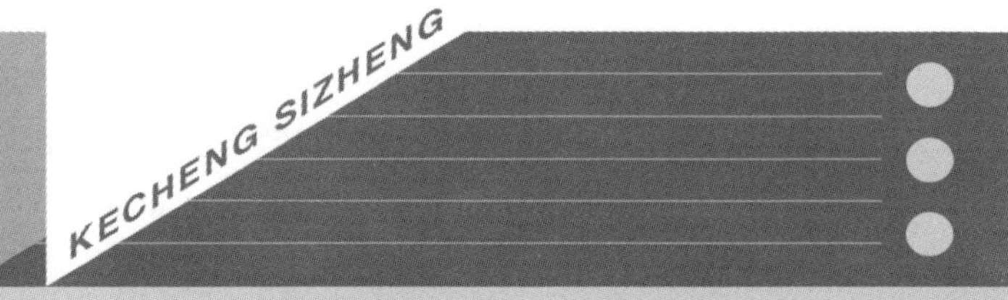

中国财经出版传媒集团
经济科学出版社
Economic Science Press

图书在版编目（CIP）数据

物联网工程专业课程思政教学指南/赵淑芳，岳秀明主编．--北京：经济科学出版社，2023.1

课程思政系列教材

ISBN 978－7－5218－3508－3

Ⅰ.①物…　Ⅱ.①赵…②岳…　Ⅲ.①高等学校－思想政治教育－教学研究－中国　Ⅳ.①G641

中国版本图书馆CIP数据核字（2022）第051313号

责任编辑：杨　洋　赵　岩

责任校对：郑淑艳

责任印制：王世伟

物联网工程专业课程思政教学指南

主编　赵淑芳　岳秀明

经济科学出版社出版、发行　新华书店经销

社址：北京市海淀区阜成路甲28号　邮编：100142

总编部电话：010－88191217　发行部电话：010－88191522

网址：www.esp.com.cn

电子邮箱：esp@esp.com.cn

天猫网店：经济科学出版社旗舰店

网址：http://jjkxcbs.tmall.com

北京季蜂印刷有限公司印装

710×1000　16开　11.25印张　220000字

2023年1月第1版　2023年1月第1次印刷

ISBN 978－7－5218－3508－3　定价：34.00元

（图书出现印装问题，本社负责调换。电话：010－88191510）

课程思政系列教材编写委员会

课程思政系列教材

物联网工程专业
课程思政教学指南

主　编　赵淑芳　岳秀明

副主编　于丽娜　董香丽　张文华

编　委（按姓氏笔画顺序）

于丽娜　王淑娇　张文华　陈晓宇　岳秀明

房　雅　孟　真　赵淑芳　宫琳琳　董香丽

樊冬梅

序

党的十八大以来，以习近平同志为核心的党中央发展和拓新了党的教育方针，把立德树人作为教育的根本任务，深刻回答了“培养什么样的人、怎样培养人、为谁培养人”这一根本性问题，明确把立德树人作为高校的立校之本和培养人的中心环节，为中国特色社会主义教育事业发展指明了方向。

习近平总书记在学校思想政治理论课教师座谈会上的讲话中，在谈到推动思想政治理论课改革创新，不断增强思政课的思想性、理论性和亲和力、针对性问题时提出，要“坚持显性教育和隐性教育相统一”，思政课要做思想政治教育的显性课程，同时也要挖掘其他课程和教学方式中蕴含的思想政治教育资源，实现全员全程全方位育人。既要有惊涛拍岸的声势，也要有润物无声的效果，这是教育之道。

课程思政作为思政课和思想政治教育的重要环节和途径是决不可或缺的。2020 年 5 月，教育部印发了《高等学校课程思政建设指导纲要》，对全面推进课程思政建设进行了系统设计和精心部署，为高校开展课程思政工作提供了整体方案，进一步推动了高校课程思政研究和实践工作。

山东协和学院立足学校课程思政建设实际，牵头成立山东省高等学校课程思政教学研究与实践中心，联合山东省本科高校，本着“整合资源、集聚优势、发挥合力、提升成效”的总体原则，聚焦课程思政改革，持续推动合作研究、协同探索和联动实践，在推进课程思政落地实践上进行了卓有成效的探索，将研究和实践成果凝练、巩固，汇编成课程思政系列教材。

这套教材按照“宏观设计—中观细化—微观落地”的系统化思路编写。学校层面进行宏观设计，提出了“5 维 20 条”课程思政实施要求；专业层面根据专业定位，整体设计专业育人目标；课程层面则从教学实践的角度，根据课程性质和作用，对教学内容、教学方法以及考核评价等方面进行具体设计。这样，学校、专业、课程层层递进、环环相扣，共同形成一个有机整体。系列教材以专业为单位成册，共涵盖了 12 个学科门类的 100 个专业，每个专业遴选 8～10 门核心课程进行课程层面的教学设计，以此计算，这套教材包含了近千门课程，27 所高校 3000 余名教师参与编写，可谓是一项浩大的工程。

课程思政的重心在课程，关键在于如何在传授知识、培养能力的同时实现价值塑造。这套教材恰恰在这方面有所创新和突破，从思政元素的挖掘、教学素材的选择、教学过程的实施、教学评价的完善等方面进行了系统设计，形成了“深度挖掘、精准凝练、有机融入、系统讲授、科学评价”的课程思政教学改革思路。

总的来看，这套教材是对课程思政教育教学改革实践的梳理和总结，也是课程思政从教育理念到教学实践深化的具体成果，对课程思政教学改革提供了借鉴与参考，为一线教师提供了从理论原则、实际教学到评估评价的全程教学操作参考案例。同时，这套教材根据不同专业课程特点，整合教学内容、创新教学方式方法、丰富教学资源，对激发学生的学习兴趣，调动学生学习积极性、主动性、创造性，增强思政教育教学的科学性、针对性和实效性，提供了成功的经验、思路和方法。

是以为序。

2022 年 4 月 7 日

《物联网工程专业课程思政教学指南》简介与使用说明

为深入贯彻落实习近平总书记在全国教育大会上的重要讲话精神，坚持党对教育事业的全面领导，落实立德树人根本任务，切实发挥物联网工程专业课堂教学的育人主渠道作用，使思想政治教育贯穿人才培养全过程，特编写《物联网工程专业课程思政教学指南》（以下简称《指南》）。《指南》主要引导教师结合物联网工程专业特点，深入挖掘课程思政元素，有效融入专业课堂教学，做到春风化雨，润物无声，切实提高专业课程育人的能力。

本《指南》由总论和分论两大部分组成。总论包括课程思政建设实施要求和专业课程思政教学，其中，《课程思政建设实施要求》是指导性实施要求，《专业课程思政教学指南》提出了物联网工程专业思政教育中所蕴含的5项一级指标、20项二级指标，便于读者了解物联网工程专业课程思政的总体方向和基本教学策略；分论是由8门专业核心课程思政教学设计组成，包括“数据结构与算法”“计算机组成原理”“计算机网络”“操作系统”“物联网无线通信技术”“单片机与传感器”“物联网识别技术”“嵌入式系统设计与开发”，挖掘了课程所蕴含的思政元素，给出了实施建议及素材，供一线教师在教学中参考使用。

本《指南》构建了一套相对完整的课程思政教学体系，可以为读者提供从理论原则、实际教学到考核评价的全程教学指导与参考。各篇章既有内在逻辑关联，也可独立成篇。读者既可完整系统地了解物联网工程专业课程思政的教学理论与具体操作策略，也可选择最适合自身实际情况部分阅读参考。

目 录
CONTENTS

总 论

分 论

总　论

第一章

课程思政建设实施要求

一、课程思政目标

紧紧围绕“培养什么人、怎样培养人、为谁培养人”这一根本问题，落实立德树人根本任务，结合学校人才培养定位和学科专业特色，优化课程思政内容体系，系统进行马克思主义教育、中国特色社会主义教育、中国梦宣传教育、习近平新时代中国特色社会主义思想教育、理想信念教育、社会主义核心价值观教育、道德教育、社会责任感教育、中国传统优秀文化教育、法制教育、劳动教育、生态文明教育、国家安全教育，引导学生坚定理想信念、厚植家国情怀、提高文化素养、树立法治意识、加强道德修养，实现价值塑造、知识传授和能力培养的有机统一，培养德智体美劳全面发展的社会主义建设者和接班人。

二、课程思政核心内容

坚持用习近平新时代中国特色社会主义思想铸魂育人，落实立德树人根本任务，围绕坚定学生理想信念，以爱党、爱国、爱社会主义、爱人民、爱集体为主线，以政治认同、家国情怀、文化素养、法治意识、道德修养为重点优化课程思政内容。

（一）政治认同

政治认同是人们对一定社会制度和意识形态的认可和赞同，是人们在社会政治生活中产生的一种感情和意识上的归属感，是凝聚社会成员团结和组织的重要力量，也是激励和促进社会成员共同奋斗与前进的重要思想基础。引导学生拥护中国共产党的领导，坚定中国特色社会主义理想信念，坚定“四个自信”，认同伟大祖国、认同中华民族、认同中华民族文化、认同中国特色社会主义道路，培养学生对国家和社会的认同感、归属感以及参与国家建设的责任感、使命感。

（二）家国情怀

家国情怀是一个人对自己国家和人民所表现出来的深情大爱，是基于对祖国的历史、文化、国情等的认识和理解，对国家富强、人民幸福展现出来的理想追求，既是一种政治意识，也是一种文化意识。对学生进行马克思主义世界观、人生观、价值观教育，培养学生以爱国主义为核心的民族精神和以改革创新为核心的时代精神；对学生进行生态文明教育，引导学生学会与人和自然相处，增强构建人类命运共同体的社会责任感，把自己的理想同祖国的前途、把自己的人生同民族的命运紧密联系在一起，立志扎根人民、奉献祖国。

（三）文化素养

文化素养是指人文知识和技能的内化，它主要是指一个人的文化素质和精神品格。主要帮助学生加强对中华优秀传统文化、革命文化和社会主义先进文化的学习与积累，引导学生追求崇高理想、健全完善人格，培养学生严谨求实的科学精神、文明儒雅的风度气质、积极乐观的人生态度，从而提升大学生的人文学养、艺术涵养、科学素养和心理修养，塑造追求卓越的文化品格、中外互鉴的文化气质、开放包容的人文情怀。

（四）法治意识

法治意识是对法律发自内心地认可、崇尚与遵从，是关于法治的思想、观念和态度。主要引导学生认同中国特色社会主义法治体系，养成用法治思维和法治方式来处理日常生活中各种问题的习惯，自觉遵守法规，养成依据法律规定、按照法律程序办事的行为习惯，促使学生学法、守法，依法维护合法权益，追求公平正义。

（五）道德修养

道德修养是人们为实现一定的理想人格而在意识和行为方面进行的道德自我锻炼，以及由此达到的道德境界。它是一种人性向善的自我规范和自我改造的过程。道德修养主要包含社会公德、职业道德、家庭美德、个人品德等方面的内容，培养学生形成爱国奉献、明礼守法、厚德仁爱、勤劳勇敢、勇于担当的良好道德品质。

三、工学类课程思政内容要点

根据人才培养的定位和专业育人的目标，结合专业课程特点、思维方法和价值理念，深入挖掘和凝练各专业类课程思政元素，创新融合途径，提升课程思政教学的有效性和针对性。

物联网工程等工学类专业，在课程教学中注重强化学生工程伦理教育，培养学生精益求精的大国工匠精神，激发学生科技报国的家国情怀和使命担当。将工程伦理道德融于基础课、专业课、实践课等课堂教学全过程，将工程师价值观和工程伦理教育寓于实践之中，让学生发现专业科学的真、善、美；将“大国工匠精神”作为主线贯穿整个课堂的教学活动，引导学生在学习过程中注重细节，一丝不苟，做到精益求精。

四、课程思政建设实施建议

课程思政建设实施建议见表1－1。

表 1 – 1　　课程思政建设实施建议

一级指标	二级指标	指标内涵	实施要点
1. 政治认同	1.1 党的领导	拥护中国共产党的领导，必须坚信只有中国共产党才能救中国、才能发展中国；树立政治意识、大局意识、核心意识、看齐意识；认同伟大祖国、认同中华民族、认同中华民族文化、认同中国特色社会主义道路	搜集各专业行业领域在中国共产党领导下取得的伟大成就，以及国内外疫情防控的资料等，采用案例分析、小组讨论、比较分析等教学方法，让学生深入学习和体会中国共产党领导下的中国发展成就以及人民同舟共济、勇于奋斗的精神，从而培养学生拥护中国共产党的领导、坚定中国特色社会主义理想信念、爱国情感及责任担当
	1.2 理想信念	坚定马克思主义信仰；坚定中国特色社会主义信念；坚定实现中华民族伟大复兴中国梦信心；认同社会主义核心价值观，增强“四个自信”	选取《大国崛起》《复兴之路》等有关纪录片，让学生感受中国特色社会主义道路的艰苦探索历程，从而树立中国特色社会主义共同理想，树立共产主义远大理想。以“中国梦，我的梦”为主题，结合专业课程特点，讨论个人理想与共同理想的关系
	1.3 文化自信	对中华优秀传统文化、革命文化、社会主义先进文化的强烈认同感和归属感，对文化价值的充分肯定。引导学生传承讲仁爱、重民本、守诚信、崇正义、尚和合、求大同的中华优秀传统文化，发扬井冈山精神、长征精神、延安精神、西柏坡精神、红岩精神，改革创新，树立发展社会主义先进文化的信心	挖掘专业课程中蕴含的中国传统文化、革命文化、新时代社会主义先进文化，通过案例分析、作品赏析等形式，感受中华优秀文化内在的精神品质，增强学生的文化自信，培养学生为社会主义奋斗的责任感和使命感
	1.4 国际视野	培养世界眼光，拓展国际视野，了解当今世界发展趋势以及国际政治体制与文化差异，站在中国特色社会主义建设的立场上，在纵横比较中分析我国在世界格局中的地位、作用和面临的机遇与挑战，增强忧患意识和为国家建设做贡献的意识与愿望	选取与专业课程紧密结合的国际热点时事，运用马克思主义哲学原理，分析国际局势的变化以及文化差异，培养学生的国际视野

续表

一级指标	二级指标	指标内涵	实施要点
2. 家国情怀	2.1 人生价值	在对学生进行马克思主义世界观教育的基础上，进行人生观、价值观教育，使学生正确认识创造和奉献的人生意义和价值，在社会生活实践中服务社会、奉献社会，实现个人价值和社会价值的统一	收集各行业的典型人物、典型事例，融入教学过程，让学生理解人生价值内涵以及意义，引导学生在是非面前做出正确判断，探寻实现人生价值的条件和途径，理解只有对社会做出贡献才是真正有价值的人生
	2.2 民族精神	热爱祖国，从一言一行中体现对祖国的热爱，引导学生爱祖国大好河山、爱自己的骨肉同胞、爱祖国的灿烂文化。引导学生弘扬伟大的创造精神、伟大的奋斗精神、伟大的团结精神、伟大的梦想精神，把家与国的关系看成一个整体，把个人命运与国家命运紧密相连，把个人价值的实现与为国家做贡献紧密结合	运用《百年中国》《苦难辉煌》和各专业行业发展历史等文献资料，通过讲故事、观看视频等形式，了解英雄人物，感悟中国人民不屈不挠、英勇斗争的精神和中华民族伟大复兴的自豪感
	2.3 时代追求	发扬大庆精神、雷锋精神、焦裕禄精神、钱学森精神、女排精神、航天精神、抗疫精神、脱贫攻坚精神等奉献精神、创造精神，引导学生解放思想、求真务实、突破成规、大胆创新、敢于创造，具有不甘落后、奋勇争先、追求进步的精神状态	选取专业课程教育内容相关的典型人物故事，引导学生了解他们在不同时代的奉献精神和时代追求，从中感悟青年一代献身中国特色社会主义建设的历史使命
	2.4 社会责任	引导学生了解社会、融入社会、服务社会，维护社会公平正义与和谐稳定，树立集体主义和生态文明观念，具有强烈的社会责任感，愿为他人和集体做出奉献和牺牲	结合专业课程特点，课内课外结合、校内校外结合，组织学生开展社会服务、参加社会实践，在服务和实践中培养学生的社会责任感
3. 文化素养	3.1 人文学养	加强对中华优秀传统文化特别是齐鲁文化的学习与积累，树立崇德向善、见贤思齐、孝悌谨信、重义轻利的价值取向，培养自强不息、厚德载物精神，掌握和而不同、美美与共的处事原则，弘扬忠孝悌信、礼义廉耻等的中华优秀传统美德，引导学生具备人文知识、掌握人文方法、理解人文思想、遵循人文精神，树立以人为中心的理念，崇尚人文关怀	在课程教学中植入传统经典故事、历史人物故事等传统文化素材；营造传统文化学习环境，开展主题文化教育活动，发挥学生主体作用，鼓励学生自主学习人文知识，提高人文学养

续表

一级指标	二级指标	指标内涵	实施要点
3. 文化素养	3.2 艺术涵养	树立正确的艺术观，培养学生感受美、鉴赏美的审美素养，激发学生内心对民族艺术的热爱和自豪感，尊重民族文化，从而提升学生热爱祖国、热爱民族的情怀	收集与专业课程相关的文化作品、工程作品、商业产品等，采取讨论、分析等方法对作品进行赏析，挖掘作品蕴含的艺术美，培养学生的审美意识和审美情趣，进而增强文化自信和民族自豪感
	3.3 科学素养	善于运用马克思主义基本观点和方法分析问题、解决问题，树立科学态度，了解科学知识，掌握科学方法，遵守科学伦理，培养科学价值观	根据专业人才培养要求和课程特点，在学习专业知识技能的过程中，通过观察、实验、调查、查阅文献等方法，形成良好的辩证思维、科学态度和科学精神
	3.4 心理修养	确立乐观向上、积极进取的人生态度，树立正确的幸福观、得失观、顺逆观、生死观、荣辱观，引导学生自我认同、自尊自爱、乐观向上、意志坚强、热爱生活、珍爱生命	结合专业课程特点，设计不同情境，通过励志故事、角色扮演、挑战游戏等活动，引发学生对人、对社会的思考，培养学生对个体生命、对人类命运、对现实生活的热爱和关切
4. 法治意识	4.1 法治认同	了解中国特色社会主义法治体系，认识其形成历史、体系构成和主要内容，对于与法律相关的事实有基本的判断能力，并在此基础上支持我国法治事业，推动中国特色社会主义法治体系进一步完善	进行和专业课程相关的法治宣传教育，通过守法教育和用法教育来达成法治认同的目的。将带有时代气息的、与课程相关的法治时政新闻引入教学中，鼓励学生进行辩论，用理性思维分析事物的本质，进而形成认同感
	4.2 法治思维	了解法律内涵及要求，引导学生树立社会主义法治观念，崇尚法治、尊重法律，将法律作为判断是非和处理事务的准绳，培养学生具有社会主义法治思维	选取学生身边喜闻乐见的经典法律案例，结合课程内容，组织学生进行课堂讨论：当代大学生应该如何培养法治思维
	4.3 遵守法规	引导学生理解遵守法律和社会规则对于社会稳定发展的重要性，培养学生自觉遵纪守法，严格约束自己，不触碰法律底线	搜集专业行业领域或身边法治案例，讨论并说明扰乱公共秩序、妨害公共安全、妨害社会管理秩序等具有社会危害性的行为，都是违法行为
	4.4 依法办事	了解公民基本权利和义务，懂得依法行使权利、自觉履行义务，引导学生树立正确的权利与义务观念，依法行使权利，自觉履行义务，增强法律意识，用法律武器来维护自己的合法权益	结合专业课程特点，选取与课程目标相契合的典型案例，在不同层面分析党的十八大以来全面依法治国取得的突出成就

续表

一级指标	二级指标	指标内涵	实施要点
5. 道德修养	5.1 社会公德	了解社会公德的含义及其在社会和谐发展中的作用，引导学生从身边做起、从小事做起，相互体谅，相互帮助，培养学生文明礼貌、助人为乐、爱护公物、保护环境、遵纪守法	运用典型案例视频、道德模范事迹等，讨论文明守法的重要性，说明社会公德在社会主义精神文明中占有重要地位，对于社会发展有良好的推动作用。 讨论：给出一个和本专业或课程相关的社会公德的案例事件，让学生进行关于公德的讨论，引导学生在公共生活中遵守社会公德
	5.2 职业道德	培养学生爱岗敬业、诚实守信、办事公道、服务群众、奉献社会的素质修养，具有开拓创新、精益求精的工匠精神，以及创新意识、竞争意识、协作意识、奉献意识	结合专业课程特点，运用案例、小组讨论，以及讲故事的方法，引导学生感悟工匠精神、医者精神，根据将要从事的职业，列出职业要求
	5.3 家庭美德	家庭美德是家庭生活中应该遵循的行为准则，正确对待和处理家庭问题，不仅关系到每个家庭的美满幸福，也关系到社会的安定和谐。通过家庭美德教育，培养学生男女平等、尊老爱幼、孝敬父母、勤俭持家、邻里团结等家庭美德	通过感动中国十大人物以及优秀家庭的经典案例，弘扬中华优秀传统美德
	5.4 个人品德	引导学生认真学习社会道德规范，提高对社会主义道德体系、道德行为准则及其意义要求的认识，培养学生爱国奉献、明礼守法、厚德仁爱、正直善良、勤劳勇敢的品德，形成正确的道德认知和道德判断，激发正向的道德认同和道德情感，强化坚定的道德意志和道德信念	交流使用和不使用文明礼貌用语，以及在公共场所大声喧哗、抽烟的感受，体会讲文明、懂礼貌在生活中的作用和价值

第二章

物联网工程专业课程思政教学方案

一、专业基本概况

物联网工程专业是以计算机、电子、通信、自动化等为基础，主要研究物联网体系结构、物联网感知与标识、物联网信息处理和物联网通信技术等方面的基本知识和技术，是一门多学科交叉的专业，具有很强的应用性。

本专业围绕落实立德树人的根本任务，面向ICT行业和区域经济社会发展一线，培养掌握扎实的物联网基础理论知识和专业技术方法，具备在物联网系统及其应用方面进行综合研究、开发和集成的能力，具有较强的自主学习能力、工程实践能力和科技创新能力，具备求真务实的科学态度、精益求精的工匠精神、科技报国的家国情怀和使命担当，能够投身智慧城市建设，从事物联网规划设计、系统架构设计、系统部署、运行维护、传感网应用以及智能硬件开发等方面的高素质应用型人才。

二、课程思政核心内容

为实现专业育人目标，根据课程思政实施要求，本专业教育教学活动应包含以下课程思政核心内容。

（一）政治认同

本专业政治认同是培养学生拥护中国共产党的领导，坚定中国特色社会主义理想信念，增强政治意识，强化使命担当，贯彻执行国家科技强国方针政策，坚定中国从科技大国迈进科技强国的信心，将个人理想信念融入科技强国事业中，分析我国物联网产业发展现状与国际竞争态势分析，教育学生要以国际视野担当引领重任。

（二）家国情怀

本专业家国情怀是培养学生以科技报国的爱国情怀，坚持创新创业精神，蹄疾步稳走好每一步，以科学的态度推进创新发展。立足国情，放眼世界，力求实现中国制造到中国创造的转变。引导学生树立正确的世界观、人生观、价值观，强化为祖国科技事业的发展和为振兴中华献身的责任感，以及甘于奉献、乐于奉献的家国情怀。

（三）文化素养

本专业文化素养是培养学生具备与本专业技术领域相适应的科学素养和人文修养，提高学生的科学精神、道德素养、审美素养等。在掌握物联网工程基础知识和实践技能的基础上，引导学生深刻领悟专业知识中蕴含的科学精神、人文情怀，树立在工程实践中精益求精的科学态度、生命至上的人文情怀，塑造追求卓越、鼓励创新的文化品格，形成中外互鉴、开放包容的文化气质。

（四）法治意识

本专业法治意识是培养学生对中国特色社会主义法治的认同感，树立敬畏法律、崇尚法治的意识，形成运用法律认识、分析、处理问题的思维方式。在掌握物联网基本知识技能的同时，了解物联网产业政策法规标准，作为专业领域判断是非、处理实务的准绳，自觉成为社会主义法治的忠实崇尚者、自觉遵守者和坚定捍卫者，依法行使权利，自觉履行义务，维护公平正义，成为有尊严的中国公民。

（五）道德修养

本专业道德修养是培养学生在物联网工程实践中理解并遵守道德规范，培养学生具有良好的职业道德。将工程价值观和工程伦理教育寓于实践之中，培养学生具备科学创新意识、竞争意识、协作意识、奉献意识，遵循学术道德，恪守学术诚信，形成正确的道德认知和道德判断，激发正向的道德认同和道德情感，强化坚定的道德意志和道德信念。

三、课程思政教学要点

物联网工程专业课程思政教学要点如表 2－1 所示。

表 2－1　物联网工程专业课程思政教学要点

一级指标	二级指标	内容要点	实施建议
1. 政治认同	1.1 党的领导	践行社会主义核心价值观，贯彻执行国家科技强国方针政策，培养学生拥护中国共产党的领导，增强政治意识，强化其使命担当	采用案例分析、小组讨论、比较分析等教学方法，使学生了解国家对物联网发展战略部署，深入分析国家在“智慧城市”“智慧交通”“智慧农业”“智慧医疗”等领域的为民、惠民路线，用中国共产党的实践成就激励学生，用中国共产党的初心和使命感染学生，用中国共产党的理论创新成果说服学生，用中国共产党的精神支柱指引学生，引导学生坚定不移地跟着党走中国特色社会主义道路
	1.2 理想信念	坚定中国特色社会主义理想信念，坚定中国从科技大国迈进科技强国的信心，将个人理想信念融入科技强国的事业中	结合物联网工程专业课程特点，探讨个人理想与共同理想的关系，选取《厉害了，我的国》《华为企业宣传片》等有关案例，从圆梦工程、科技创新、绿色中国等多角度展现我国的大国风采，让学生感受中国科技强国的筑梦之路，坚定中国实现从科技大国迈进科技强国的信心
	1.3 文化自信	感悟中国特色社会主义文化，发现中华文化之美，引导学生深刻理解“中国梦”所蕴含的科技自信、文化自信，树立技术发展的自豪感和科技创新的自信心，将文化自信根植于心	展示“华为昇腾 310 芯片”“小米面向智能家居的人工智能开放平台”等世界互联网领先科技成果，分组调研华为、中兴等民族企业的企业文化及传统文化，让学生体验科技筑梦之路的科技自信、文化自信，自觉成为中国文化的积极拥护者和传承人

续表

一级指标	二级指标	内容要点	实施建议
1. 政治认同	1.4 国际视野	面向物联网相关产业领域，引导学生运用开阔的国际视野，明确 ICT 行业发展趋势，以科技创新助推智慧城市建设，增强科技强国意识，坚信科技发展推动科技强国梦的实现	选取与物联网工程专业课程紧密结合的国际热点时事，分析国内外物联网行业的前沿技术，运用马克思主义科学方法论，发展学生的思维，开阔学生的视野。通过分组讨论我国物联网行业的发展面临的机遇与挑战，培养具有中国情怀、国际视野的学生
2. 家国情怀	2.1 人生价值	肩负新时代赋予工程教育的新使命，引导学生树立正确的世界观、人生观、价值观，明确作为一名工程师在铸造中国梦的过程中体现的价值，培养学生良好的工程专业素养、严谨科学的工作态度，激发学生勇于实践，敢于创造卓越工程，在艰苦奋斗和科技创新中实现人生价值	通过对钱学森、南仁东、雷军、任正非等一批批杰出科学家们自我价值实现过程的剖析，引导学生明确工程师的价值内涵以及意义，探寻实现人生价值的条件和途径。通过讨论人生价值与社会价值的辩证关系，引导学生理解人生的真正价值在于对社会作出贡献，激发学生在科技创新中实现人生价值
	2.2 民族精神	洞察科技创新驱动社会变革，带领学生分析物联网发展背后的推动力量，挖掘物联网技术发展背后隐藏的民族精神，引发学生共鸣，激发学生的学习热情，增强学生的民族自信心，树立学生的民族自豪感，培养学生家国一体的民族意识	讲述 ICT 产业民族品牌企业发展，宣扬中华民族自强不息的伟大精神，结合 ICT 行业发展背后的家国故事，彰显民族奋斗精神，进而向学生展示什么是民族魂，引导学生感悟中国人民不屈不挠、英勇斗争的精神和树立中华民族伟大复兴的自豪感
	2.3 时代追求	分析物联网技术发展趋势，鼓励学生传承新时代科学家精神，争当创新创业的奋力开拓者，不断创造具有时代特色的中国物联网工程，培养学生勇于创新的时代精神	选取引领物联网领域的科学家故事，引导学生了解他们对物联网发展的奉献精神和时代追求，从中感悟时代赋予青年一代新的时代使命，从而激发学生勇于创新的时代精神

续表

一级指标	二级指标	内容要点	实施建议
2. 家国情怀	2.4 社会责任	了解物联网对经济社会发展的影响，培养学生科学系统的思维模式和全局观念，提高学生工程意识，强化学生致力于打造中国标准、中国质量的社会责任感	通过讲述中国“世界之最”工程“FAST”之父南仁东坚持22年，只做一件事（“天眼”工程）等有担当的故事，教育学生学习南仁东的责任意识和担当精神，引导学生树立高度的社会责任感
3. 文化素养	3.1 人文素养	运用物联网技术，构建智能文化传播体系，加强学生对中华优秀传统文化的学习与积累，引导学生理解自强不息、厚德载物的精神，掌握和而不同的处世原则，提升学生的人文素养	选取物联网技术实现文化产品互联互通的典型案例，植入传统经典故事、历史人物故事等传统文化，加强学生的文化能力培养，以提升人格、气质、修养等内在品质。鼓励学生自主学习人文知识，培养学生良好人格，养成积极进取、乐观自信、开放包容的人文情怀
	3.2 科学素养	传授科学文化知识的同时，注重物联网工程新知识、新技术、新方法的应用，引导学生依据科学认知去分析解决物联网复杂工程问题，运用物联网技术助力国家发展，树立全面的、辩证的科学观，提高学生的科学素养	利用校企合作优势，引入智慧城市领域真实项目案例，将科学知识运用在实际生产生活中，让学生们在项目开发中提高专业能力。通过项目调研、项目论证、项目设计、项目实施等项目开发过程，培养学生严谨求实的科学态度和创新求实的科学精神
	3.3 心理素养	鼓励学生保持良好的心理状态、乐观的人生态度，树立正确的幸福观、得失观、顺逆观、生死观、荣辱观，引导学生自我认同、积极乐观、热爱生命、珍爱生命	通过智慧农业、智慧交通、智能家居等领域的物联网项目综合实训，指导学生完成项目设计与开发，引导学生正确看待开发中遇到的困难和挫折，教育学生要拥有面对失败的勇气，保持乐观的情绪，提升学生良好的心理素质

续表

一级指标	二级指标	内容要点	实施建议
3. 文化素养	3.4 工匠精神	从精益求精、持之以恒、爱岗敬业、守正创新四个方面，指导学生开展物联网规划设计、系统设计、系统部署、运行维护等方面的项目实践，引导学生以严谨态度提升科技创新水平	围绕“传承工匠精神、引领技术创新”的主题开展讨论，宣扬李中阳等工程师的工匠风采事迹，教育学生要通过研发与技术创新不断提升产品品质；通过工匠精神的引领，培养学生深入认识“中国制造”，从“合格制造”走向“优质制造”“精品制造”的精神动力
4. 法治意识	4.1 法治认同	普及物联网信息安全和网络法治教育等相关知识，引导学生遵守物联网工程相关法律法规，在专业知识学习和工程实践过程中渗透法治意识，增强学生法治认同感	通过思想道德修养与法律基础等课程学习，培养学生对中国特色社会主义法治的认同感。将与专业相关的法治时政新闻引入课堂教学，让学生养成尊重法律、服从法规的意识，树立法治观念
	4.2 法治思维	引导学生树立法治观念，将法治的诸种要求运用于认识、分析和处理物联网相关法律法规的问题，做好物联网时代的信息安全法律保护，提高学生运用法治思维和法治方式解决问题的能力	调研近几年各国立法机关推出的保护物联网信息安全方面法律法规，学习物联网信息安全保护的技术，引导学生用物联网的职业行为准则和职业道德规范自己，培养和训练学生的辩证思维、系统思维和创新思维
	4.3 遵守规则	了解掌握信息及物联网产业政策法规标准，培养学生自觉遵守物联网相关法律法规、专业设计规范及标准，坚定维护法规、规则，做守法公民，增强学生遵守规则的意识	结合“物联网时代十大黄金定律”的理念，了解《中华人民共和国宪法》第四十条为物联网时代信息安全保护提供了根本依据，引导学生实际行动中自觉遵守规则，做知法、守法、用法的公民，增强学生的法治意识、规则意识
	4.4 依法从业	引导学生在法律和法规规定的范畴内，按确定的相关标准和规则开展工作，明确物联网工程师应承担的法治责任，自觉履行义务，增强法律意识，依法进行系统设计，依法进行技术开发	引入物联网行业中技术秘密被侵犯案例，教育学生要遵守物联网工程师的职业规范，牢固树立职业精神、安全意识和质量意识，强化法律意识，依法从事物联网相关工作

续表

一级指标	二级指标	内容要点	实施建议
5. 道德修养	5.1 社会公德	教育学生在物联网工程运维过程中践行社会公德，树立文明形象，做到物联网技术安全、文明和将绿色的应用在智慧城市建设中，引导学生成为奉献大爱情怀的物联网工程人，增强社会公德意识	运用典型案例、道德模范事迹等，讨论社会公德在智慧城市文明建设中的重要性，教育学生要爱护公共财产、保护环境，自觉维护社会和谐稳定
	5.2 职业道德	立足物联网专业，遵循职业道德规范和行为准则，加强物联网工程师职业道德建设，弘扬务实的工作作风和务实的职业精神，培养学生爱岗敬业、诚实守信、奉献社会的职业责任感和“开放、包容、探索、创新”的职业精神	通过企业开设的职业素质教育课程，从企业职业能力需求出发，指导学生做好学业与职业规划，学习专业相关的职业规范，把职业规范与职业道德要求联系起来，使学生在遵守职业规范的同时，内化成为职业道德修养
	5.3 个人品德	在物联网项目实施过程中，引导学生立志为智慧城市的发展做贡献，教育学生不为名所累、不为利所缚、不为权所动、不为欲所惑，树立高尚的道德情操，培养良好的道德修养	通过项目团队实践和翻转课堂活动，规范学生在人际交往中的言行举止；通过项目系统设计中的成功与失败经历，提高学生耐压抗挫能力；通过模范榜样力量，使学生树立正确的道德观。教育学生不断重复和强化道德行为，养成道德习惯，锤炼个人品德
	5.4 工程伦理	通过专业教学，培养学生的伦理意识和责任感，发扬爱国、敬业、诚信、友善的精神，正确认识物联网工程中的风险、安全与责任，提升学生的工程伦理素养	通过分析国家发展理念和物联网技术在智慧城市领域应用现状，引导学生去思考将来从事的工作要承担的责任。通过开展物联网项目开发，加强学生对技术伦理、利益伦理和责任伦理的关注，培养兼具工程专业和综合社会伦理能力的物联网工程师

分　论

第三章

“数据结构与算法”课程思政教学设计

一、课程基本情况

“数据结构与算法”课程是物联网工程专业的一门专业核心课程，是研究各种数据结构的相关理论、算法设计技能、算法分析方法的综合应用性课程，共48学时，3学分，其中理论32学时，实验16学时。

课程以“融入价值理念，培养计算思维，挖掘人文内涵”为建设思路，以软件行业的各种实例进行设计创新。通过本课程的学习，使学生掌握各种基本数据结构的逻辑结构和存储结构，各种结构的相关算法设计，使学生具备良好的程序设计技能，初步掌握算法分析的基本技巧以及如何根据实际问题设计一个有效的算法，为后续学习系统开发奠定基础。

二、课程思政目标

本课程围绕物联网工程专业育人目标，结合课程特点，注重知识传授、能力培养与价值塑造的统一，在思政教育上要达到以下目标。

（1）结合数据结构相关概念和术语的内容，培养学生拥有缜密的计算思维，严谨求实的职业素养，使学生树立文化自信，大胆创新，坚定理想信念的政治认同。

（2）结合字符串、交换排序和归并排序等内容，进行相关算法的设计实现，引导学生拥有敢于创造、乐于奉献、追求进步的家国情怀。

（3）结合栈的递归调用、队列的应用、树与二叉树转换和图结构等内容，引入社会现象，培养学生具有遵守社会秩序、传承文化、探索未知、自信发展的文化素养。

（4）结合顺序表、最短路径和哈希查找等内容，进行系统开发，通过案例，增强学生法律意识，使其拥有依法从业的法治意识。

（5）结合数组与广义表、线索二叉树、哈夫曼树和选择排序等内容，融入案例，培养学生爱岗敬业、明礼守法、科技报国的道德修养。

三、课程内容与思政元素

（一）模块一：基础知识

1. 数据结构的相关知识

数据结构主要研究数据的逻辑结构和存储结构，该课程的课程目标之一就是使学生能够针对现实问题选取合适的数据结构，并选择合适的存储结构然后进行算法设计，培养学生的数据抽象能力，利用专业知识和计算思维解决实际问题。著名科学家应怀樵创造性地提出“软件制造一切”理念，不仅契合了智能型社会的发展需求，而且为第四次工业革命贡献中国核心智慧，对未来世界发展做出了精准的预测和展望。通过展示几个 AI 产品的视频（无人酒店、智能家居），引导学生了解算法创新智能产品的实现中的重要性。增强学生创新意识和创新信念，让学生意识到作为计算机专业的学生要不断探索、勇于创新。

2. 算法设计分析

算法是对特定问题求解步骤的一种描述，分析算法的性能主要从时间性能和空间性能两方面考虑，好的算法一般是以较少的时间与空间代价来解决相同规模的问题。我们在面对现实问题时，在选取了合适的数据结构之后就是进行算法设计，通过问题如何设计一个高效率的算法？让学生在设计算法时，通过多次设计实验降低时间复杂度和空间复杂度，逐步提高算法的效率，加深对算法分析方法的理解和掌握，以此培养学生严谨认真的科学态度和精益求精的工匠精神。

（二）模块二：线性结构

1. 顺序表

线性表的顺序存储结构是用连续的存储空间依次存放表中的元素。顺序表的插入操作是在第 i 个位置插入元素时需要从最后一个元素到第 i 个位置元素依次后移一个位置，将第 i 个位置空出来后再将新元素插入进去。在讲授顺序表插入操作算法的实现时，以大会堂插座现象为例让学生理解顺序表插入操作的原理。引导学生在日常生活中要遵守规则，为他人提供方便，相互理解，拥有公德心。

2. 单链表

线性表的链式存储结构是用一组任意的存储单元来存储线性表中的数据元素，数据元素之间的逻辑关系通过指针来体现。在线性表链式存储下进行建立、插入、删除操作时，不需要移动元素，而只需要修改指针，这样就提高了操作效率，链式存储的思想是牺牲空间追求时间效率。这是软件工程师经常用到的，任何算法都没有绝对的优劣，没有最好的算法只有适合的算法。与学生探讨生活中遇到问题时要明白“鱼和熊掌不可兼得”的道理，要有大局意识，做出适当取舍。

3. 顺序表和单链表的区别

顺序表在实现插入删除操作时需要移动大量的数据元素，效率较低，但是可以实现随机查找，而单链表只能实现顺序查找，查找效率较低，插入删除操作不需要移动元素，便于插入和删除。所以我们在选取存储结构的时候要根据具体的操作选取合适的存储方法。由此告诉学生以后的学习工作中不要一味地追求高精尖，要解放思想，综合考虑各方面因素，选择最适合的方案，达到整体的平衡最重要，以此培养学生严谨求实的科学态度。

4. 栈

栈是一种特殊的线性表，它的逻辑结构和线性表相同，它的特殊性在于操作受限制，是一种“先进后出”的表结构，在进行操作实现时要遵守“先进后出”的规则。通过洗盘子把先洗完的盘子放下面后洗完的盘子放上面，用的时候从最上面拿，也是符合栈的先进后出特点，引导学生要遵纪守法。

5. 栈的递归调用

函数的递归有两个方向，一个是从未知向已知推，另一个是从已知向未知推，递推的过程比较复杂，但是在算法的实现上相对简单，只有真正理解了递归的原理才能写出算法，进而解决问题。递归调用是栈很重要的一个应用，而其中汉诺塔游戏就是用栈的递归来实现，让学生分组，完成程序编写，做到理论联系实际，用理论指导实践，用实践检测理论，理论与实践紧密结合，培养学生用发散的思维解决问题，树立正确的科学价值观。

6. 队列

队列是一种特殊的线性表，特殊性在于操作受限制，只能在队尾插入，队头删除，所以操作特性是先进先出，队列也是日常生活中经常用到的一种线性表，“队列”结构最典型的例子是超市的排队购物。排队使公共场所有了秩序，使各项服务、工作能有序、高效地运行，人们生活才能安定有序地进行，国家有了各种法律法规，人们的生活才有了安全保障。如果插队会给他人带来不便，教育学生要懂规矩，守纪律，不能自私自利，要有全局观。

7. 队列的应用

队列是队尾插入，队头删除，先入队的元素先删除，队列在现实生活中应用很广泛。通过“银行办理业务的取号系统”为例讲解队列的操作实现，让学生进一步理解队列先进先出的特征。在调试程序到运行的过程中，鼓励学生要勇于克服困难，追求进步。通过案例分析，对学生进行中华民族的传统美德教育，引导学生要学会守序、礼让，遵守法律法规。

8. 字符串

字符串是一种特殊的线性表，特殊性在于它的每个数据元素都是字符，字符串这部分内容主要掌握字符串的相关操作。通过对奥运冠军名字排序的案例，让学生掌握字符串的相关操作函数。学生通过代码调试输出结果并分析，引导学生自我解决问题，学习奥运冠军“不怕困难，勇于拼搏”的精神，传承中国体育精神，培养学生勇攀科学高峰的责任感和使命感。

9. 数组与广义表

数组与广义表是一种特殊的数据结构，数组中数据元素的个数固定，广义表是线性表的一种扩充。在这部分内容主要掌握二维数组的存储，特殊矩阵的存储和广义表的几种结构。通过问题引入引导学生在遇到问题时要从多个角度去思考，采用从后往前比较与移动的方法解决所遇到的问题，培养学生在程序开发过程中要有开拓创新的职业素养。

（三）模块三：非线性模块

1. 树的相关术语

树是一种非线性结构，是n个结点的有限集，非空树中元素之间是一对多的关系，结点之间是双亲和孩子的关系。家谱就是一种树状结构，为学生讲解家谱的发展历程，鼓励学生学习传统文化，取其精华，去其糟粕；同时也告诉学生家庭成员要团结友爱，共同进步。

2. 二叉树的存储结构与遍历

二叉树是一种非常重要的非线性结构，二叉树每个结点至多有两棵子树，子树有左右之分，元素之间是一对多的关系。二叉树的遍历分为先序遍历、中序遍历和后序遍历。在二叉树各种遍历实现过程中是一级一级递归的，直到所有结点都访问完。通过二叉树的遍历实例，告诉学生做事情要脚踏实地，有始有终。

3. 树与二叉树的转换

树转换成二叉树的方法是树的双亲和长子对应二叉树双亲和左孩子，树的兄弟关系对应着二叉树双亲和右孩子。提问树转换成二叉树的特点是什么，通过小组讨论分析得出树转换成的二叉树根结点没有右子树。引导学生在遇到问题时不能只浮于表面，不能想当然，要专注地去解决问题。

4. 线索二叉树

加上线索的二叉树成为线索二叉树，线索二叉树在存储结构上占用的空间比较多，共有五个域，是在二叉链表的基础上让空指针分别指向某种遍历的前驱和后继。线索二叉树充分利用空间。告诉学生在程序开发过程中充分利用空间资源，反之过度利用资源会影响算法效率，造成损失。引入社区团购小程序的案例，分析过度利用网络资源造成不良影响。培养计算机学生的职业认同感，强化团结协作。

5. 哈夫曼树

哈夫曼树是一种特殊的二叉树，也称为最优二叉树，指的是带权路径长度最短的二叉树。哈夫曼树的应用有判定问题和哈夫曼编码。通过构建哈夫曼树的方法，每次选取权值最小的二叉树，引出如果去福利院领养孩子，我们应该从最小的年龄段孩子选取，因为他们最需要母爱关怀，引导学生要有尊老爱幼，帮助弱小，奉献爱心的道德情怀。

6. 图的逻辑结构

图是一种非线性结构，结点之间的关系可以是任意的，是一种多对多的关系，在各种问题中是经常用到的结构。通过讲解图论创始人欧拉的成长故事，引导学生遇到困难要不屈不挠，要自强不息，要有坚强的意志，积极向上的人生态度。

7. 图的存储结构

图不能直接用顺序存储进行存储，图的存储结构主要有两种，分别是邻接矩阵和邻接表。邻接矩阵是表示顶点之间相邻关系的矩阵，邻接表是图的一种链式存储结构。通过讲解人工智能发展的相关知识，比如生活中用到的语音识别、文字识别，手机支付用到的人脸识别和指纹识别，引导学生在科学技术飞速发展的时代，除了努力学习科学文化知识外，还要具有推陈出新，精益求精，敬业守信的工匠精神。

8. 图的遍历

图的遍历有两种分别是深度优先遍历和广度优先遍历。图的深度优先遍历策略是尽可能“深入”，广度优先遍历策略是尽可能“广泛”。对于深度和广度而言，已经不是简单的算法实现问题。引导学生运用多角度的方式、思维来观察事物，提升创新能力。通过孙膑赛马案例，引导学生思考。让学生意识到遇到事情要想获得最后的胜利就要学会权衡，有权衡必定会有取舍，工作中也要做出正确的权衡取舍，才能获得最理想的结果。培养学生树立正确的得失观和缜密的思维。

9. 最小生成树

最小生成树是图的一种非常重要的应用，它是带权路径长度最短的连通图，是解决实际问题的有效途径。在讲解该部分内容时，通过举例在“一带一路”的背景下，以一项修建铁路的工程计算权重的实际应用问题，既清晰地讲解了算法的思想和步骤，又融入了对“一带一路”倡议的政策宣传，以培养学生科技报国的家国情怀。

10. 最短路径

求一个顶点到另一个顶点的最短路径，最常用的算法是迪杰斯特拉算法。在路径规划算法中，会考虑到基于环境友好的路径规划问题。作为用户而言，行程分享等功能会涉及一些隐私保护的问题，而这不仅是一个技术问题，还是一个法律问题。让学生了解在算法设计的同时也要有法治意识。

（四）模块四：操作模块

1. 静态查找

静态查找主要指顺序查找、折半查找、分块查找。顺序查找是从一端向另一端依次比较，折半查找是每次将待查找值和查找区间的中间记录进行比较，分块查找是先在索引表中查找记录所在的块。其中折半查找是采用的取中比较，分而治之的思想。通过军事学拆分敌人兵力的案例，让学生理解折半查找分而治之的思想，增强学生的大局意识和统筹意识。

2. 二叉排序树查找

二叉排序树查找是一种动态查找。因为二叉排序树可看成是有序的，所以在二叉排序树上的查找和折半查找类似，也是一个逐步缩小查找范围的过程，引入案例电商会员系统中消费额与会员积分查询，引导学生尝试使用二叉排序树进行实现，引导学生要解放思想，尝试用不同的算法解决同一个问题，培养学生的科学素养。

3. 哈希查找

哈希查找是一种介于静态查找和动态查找之间的查找技术，通过哈希函数计算哈希地址，然后通过冲突处理进行存储。哈希算法主要应用于安全加密和数据校验中，通过引入拼多多优惠券漏洞的案例，让学生明白数据安全的重要性，从而引导学生要依法从业，不能利用所学的知识进行犯罪。

4. 插入排序

插入排序有多种排序方法，直接插入排序、折半插入排序和希尔排序。插入排序是一种最简单的排序方法，它要遵循的规则是将数据按照一定的顺序一个一个的插入到有序的表中，最终得到的序列就是已经排序好的数据。引入许多人排序一手扑克牌的方法，开始时，我们的左手为空并且桌子上的牌面向下，然后，我们每次从桌子上拿走一张牌并将它插入左手中正确的位置，该正确位置需要从右到左将它与已在手中的每张牌进行比较，这种排序扑克牌的方法跟插入排序遵循的规则类似，引导学生要遵纪守法，培养学生的规则意识。

5. 选择排序

选择排序是每趟从待排序序列中选择最大或是最小的记录，直到整个序列的记录选完，由选取序列的顺序得到按关键码有序的序列。编写程序对案例进行实现，让学生掌握选择排序的思想，通过案例也让学生了解在比赛和工作中要有团队精神，以团队利益为重。

6. 交换排序

交换排序的思想是两两比较待排序记录的关键字，一旦发现两个记录不满足次序要求时则进行交换，直到所有元素排好序为止。交换排序包含冒泡排序和快速排序，其中冒泡排序是基本排序方法效率比较低，而快速排序是改进的排序方法。不同问题下选择不同的排序方法可以使得效率不同。在讲解排序算法的各种应用时结合 3 个 App（学习强国、手机淘宝、美团外卖）实例的界面截图，介绍它们各自包含的排序功能，引出排序算法的广泛应用和排序效率的重要性，高效的排序算法将有助于缩短排序时间，提高计算速度。界面设计以人为本便于人们浏览，让学生利用信息技术善于创新，改变人们的学习、工作和生活。

7. 归并排序

归并排序是将两个或两个以上的有序表合并成一个有序表的过程。其中将两个有序表合并成一个有序表的过程成为 2 路归并。在讲解归并排序思想时，通过人口普查的做法，将问题拆分成省级、市级、区级、县级、街道级自下而上统计的方法，引导学生讨论发现生活中用分类解决问题的实例。鼓励学生遇到问题要敢于突破陈规，大胆创新，用于探索，善于用新方法，新思想。

四、课程思政实施路径

《数据结构与算法》课程思政实施路径如表 3－1 所示。

表 3-1　《数据结构与算法》课程思政实施路径

课程模块	课程内容	课程思政元素	教学素材	教学实施建议	支撑专业课程思政二级指标	考核评价
模块一：基础知识	数据结构的相关知识	自信发展 创新精神	案例：软件制造一切—AI 产品展示（智能家居、无人酒店）	通过让学生观看几个人工智能相关的视频，让学生体会计算机技术发展之迅速，让学生意识到只有想不到没有做不到，作为计算机专业的学生要拥有不断探索的创新精神，坚持文化自信的理念。数据结构是软件开发中必不可少的知识，通过了解我国 IT 行业的发展趋势，增强学生学习该课程的兴趣，使学生树立为国家新一代信息技术发展做贡献的决心	1.2 理想信念 1.3 文化自信	小组讨论（1）： 小组讨论，根据小组讨论评分表进行评分，重点考查学生对算法设计的重要认识，了解数据结构在软件开发中的重要性，增加学生学习这门课的信心
	算法设计分析	严谨认真 精益求精	案例：数据结构学科发展史（科学家沃思）	通过科学家沃思提出：程序 = 算法 + 数据结构。引出软件开发过程中算法设计是很重要的一个过程，而设计一个效率高的算法是程序员的追求目标，学生通过对自己设计的算法不断修改达到性能最优，在此过程中培养学生严谨认真的科学态度和精益求精的工匠精神	3.2 科学素养 3.4 工匠精神	课后作业（1）： 按照课后作业评价表，对学生课后作业情况进行评价，重点考查学生严谨认真的科学态度和精益求精的工匠精神
模块二：线性结构	顺序表	规则意识 乐于助人	案例：会堂插座现象	通过举例大会堂插座的例子，让学生理解顺序表在进行插入操作时的思想，引导学生做某些事情必须遵守相应的规则，生活中要有集体主义观念，为他人着想，乐于助人	4.3 遵守规则 5.1 社会公德	小组讨论（2）： 小组根据社会现象讨论，结合社会现象反思，根据小组讨论评分表进行评分，重点考查学生乐于助人和遵守规则的精神

续表

课程模块	课程内容	课程思政元素	教学素材	教学实施建议	支撑专业课程思政二级指标	考核评价
模块二：线性结构	单链表	正确取舍	案例：单链表的操作	通过让学生实现单链表的操作，与学生探讨生活中我们遇到的问题时，我们应当如何取舍。引导学生在我们日常工作和生活中，经常需要我们去抛弃一些东西，学会放下，才能走得更远，要正确取舍，要有正确的人生观和价值观	5.3 个人品德	小组讨论（3）： 小组根据材料进行讨论，根据小组讨论评分表进行评分，重点考查学生是否能够正确取舍
	顺序表和单链表的区别	严谨求实	案例：软件工程师思维	通过单链表和顺序表的比较，引入哲学思想中的平衡论，说明任何算法都没有绝对的优劣，没有最好的算法只有适合的算法。告诉学生以后的学习工作中不要一味追求高精尖，要解放思想，综合考虑各方面因素，选择最适合的方案，让学生明白达到整体的平衡最重要	3.2 科学素养	课堂测验（1）： 通过课堂测验评价方式对学生进行专业知识的评价，重点考查学生严谨求实的精神
	栈	遵纪守法	案例：洗盘子	通过栈的“先进后出”特点，列举生活中的实例。通过洗盘子的例子，如把先洗完的盘子放下面后洗完的放上面，用的时候从最上面拿，也是符合栈的先进后出特点，由此引导学生在日常生活中要遵纪守法	4.3 遵守规则	课堂抢答（1）： 根据课堂抢答的评价方式对学生抢答问题进行评价，重点引导学生遵纪守法

续表

课程模块	课程内容	课程思政元素	教学素材	教学实施建议	支撑专业课程思政二级指标	考核评价
模块二：线性结构	栈的递归调用	理论联系实际 科学价值观	案例：汉诺塔游戏	通过让学生玩汉诺塔游戏，导入递归问题，然后编写出程序，让学生先接受理论知识，再动手操作，做到理论联系实际，用理论指导实践，用实践检测理论，理论与实践紧密结合。让学生了解掌握科学方法仅有理论不会动手是不行的，盲目行动没有理论指导更加不行	3.2 科学素养 5.4 工程伦理	小组讨论（4）： 小组讨论递归原理，根据小组讨论评分表进行评分，主要考查学生对理论知识的理解能力，拓展学生科学发散思维
	队	道德素养 价值取向	案例：超市排队购物	通过“超市排队购物”的生活例子帮助学生理解队列的操作特征。告诉学生在日常生活中要遵守各种社会秩序，遵纪守法，不能自私自利，要有全局观	4.3 遵守规则 5.1 社会公德	小组讨论（5）： 小组结合问题讨论，根据小组讨论评分表进行评分，主要考查学生对生活的洞察能力，激发学生勇于实践，理论联系实际
	队列的应用	追求进步 守序礼让	案例：银行办理业务的取号系统	通过案例“银行办理业务的取号系统”，让学生编写代码，帮助学生理解队列的操作特征，在调试程序到运行的过程中，让学生体会只有勇于克服困难，才能获得成功。通过案例分析，引导学生要学会守序、礼让，要树立大局意识，遵守法律法规	3.3 心理素养 5.1 社会公德	课后作业（2）： 按照课后作业评价表，对学生课后作业情况进行评价，重点考查学生对队列知识的掌握情况以及守序礼让、追求进步的精神

续表

课程模块	课程内容	课程思政元素	教学素材	教学实施建议	支撑专业课程思政二级指标	考核评价
模块二：线性结构	字符串	勇于拼搏 勇攀科学高峰	案例：奥运冠军分组排序	采用案例分析、小组讨论、任务驱动的方法，将多名奥运冠军的名字组成一个字符串，要求这些人名同姓的放一块重新组成字符串，向学生讲授字符串操作函数。学生通过代码调试输出结果并分析，鼓励学生进一步创新，将名字按照汉语拼音次序进行排序。引导学生自我解决问题，学习奥运冠军不怕困难、勇于拼搏的精神，传承中国体育精神，培养学生勇攀科学高峰的责任感和使命感	2.3 时代追求 2.4 社会责任	小组讨论（6）： 小组通过案例展开讨论，根据小组讨论评分表进行评分，重点考查学生综合运用专业知识解决问题的能力及拼搏精神
	数组与广义表	逆向思维 开拓创新	问题：有序表的插入	通过提出问题“在一个有序表中插入一个数据后仍有序”。使学生在原有认知和技能的基础上，以发散思维从多个角度设想多种解决问题的方案，如从前往后逐个比较与移动等。教师在充分评改学生的作业基础上，点出作业中的错误以及存在的一些缺点，然后将学生导入逆向思维，采用从后往前比较与移动的方法解决所遇到的问题，培养学生在程序开发过程中要有开拓创新的职业素养	3.2 科学素养 5.2 职业道德	课堂测验（2）： 通过课堂测验评价方式对学生进行专业知识的评价，重点考查学生解决问题的能力，激发学生的逆向思维

续表

课程模块	课程内容	课程思政元素	教学素材	教学实施建议	支撑专业课程思政二级指标	考核评价
模块三：非线性模块	树的相关术语	传承文化 热爱家庭	案例：家族家谱	通过树的特点引出家族家谱的概念，为学生讲解家谱的发展历程，鼓励学生学习传统文化，取其精华，去其糟粕；同时，也告诉学生家庭成员要团结友爱，共同进步	3.1 人文素养 5.3 个人品德	课堂抢答（2）： 根据课堂抢答的评价方式对学生抢答问题进行评价，重点引导学生对中国优秀传统文化的传承
	二叉树的存储结构与遍历	脚踏实地	案例：二叉树的遍历	教师讲解二叉树的三种遍历思想，二叉树的遍历是递归的思想需要一级一级实现。给出一个二叉树让学生写出该二叉树的三种遍历结果，让学生在写的过程中体会做事情要脚踏实地，一步一步才能取得成功	5.3 个人品德	小组讨论（7）： 小组通过案例展开讨论，根据小组讨论评分表进行评分，重点考查学生的计算机思维，培养学生脚踏实地的品格
	树与二叉树的转换	做事情要专注	问题：树转换成的二叉树有什么特点？	学生通过老师抛出的问题小组展开讨论，得出结论树转换成的二叉树根结点没有右子树。通过讨论让学生明白在解决具体问题时不能想当然，要沉下心专注地去思考	3.4 工匠精神	课堂抢答（3）： 根据课堂抢答的评价方式对学生抢答问题进行评价，重点引导学生做事情要专注
	线索二叉树	团结协作	案例：社区团购小程序	通过案例分析的方法，在讲授线索二叉树充分利用空指针时，说明程序开发过程中充分利用空间资源，可以让价值最大化，但是反之过度不当地利用资源可能会造成不良影响。从而引导学生在进行程序开发时要以和谐为目标，团结协作	5.2 职业道德	小组讨论（8）： 小组通过案例展开讨论，根据小组讨论评分表进行评分，重点培养学生的团结协作精神

续表

课程模块	课程内容	课程思政元素	教学素材	教学实施建议	支撑专业课程思政二级指标	考核评价
模块三：非线性模块	哈夫曼树	尊老爱幼 奉献爱心	案例：福利院	通过构建哈夫曼树的方法，每次选取权值最小的二叉树，引出如果去福利院领养孩子，应该从最小的年龄段孩子选取，因为他们最需要母爱关怀，引导学生要有尊老爱幼，帮助弱小，奉献爱心的道德情怀	5.3 个人品德 3.1 人文素养	课后作业（3）： 按照课后作业评价表，对学生课后作业情况进行评价，重点考查学生的人文关怀
	图的逻辑结构	自信发展 坚强的意志	材料：图论创始人—欧拉	通过讲解图论创始人欧拉的成长故事，引导学生遇到困难要不屈不挠、自强不息，要有坚强的意志，积极向上的人生态度	3.1 人文素养 3.3 心理素养	小组讨论（9）： 小组通过欧拉的成长故事展开讨论，根据小组讨论评分表进行评分，引导学生自强不息的品质，铸造学生的心理素养
	图的存储结构	科学发展 精益求精	案例：人工智能—图像识别	通过讲解人工智能发展的相关知识，如生活中用到的语音识别、文字识别，手机支付用到的人脸识别和指纹识别，引导学生在科学技术飞速发展的时代，除了努力学习科学文化知识外，还要具有推陈出新，精益求精，敬业守信的工匠精神	3.2 科学素养 3.4 工匠精神	小组讨论（10）： 小组通过讨论生活中的图像识别应用，根据小组讨论评分表进行评分，引导学生开拓创新，科学发展

续表

课程模块	课程内容	课程思政元素	教学素材	教学实施建议	支撑专业课程思政二级指标	考核评价
模块三：非线性模块	图的遍历	正确得失观 缜密思维	案例：田忌赛马	“图的遍历”方式有深度优先遍历和广度优先遍历。图的深度优先遍历策略是尽可能“深入”，广度优先遍历策略是尽可能“广泛”。对于深度和广度而言，已经不是简单的算法实现问题。引导学生运用多角度的方式、缜密的思维来观察事物和处理问题。 通过分组讨论田忌赛马故事中孙膑的做法，引导学生思考。让学生意识到遇到事情要想获得最后的胜利就要学会权衡，有权衡必定会有取舍，在生活中面对抉择时，只有保持冷静清醒的头脑，对事物做出正确的权衡取舍，才能获得最理想的结果	3.2 科学素养 3.3 心理素养	小组讨论（11）： 小组通过案例展开讨论，根据小组讨论评分表进行评分，重点考查学生分析问题、解决问题的思维能力
	最小生成树	民族使命 积极创新	案例：“一带一路”：修建铁路	举例在“一带一路”的背景下，以一项修建铁路的工程计算权重的实际应用问题为案例，既清晰地讲解了算法的思想和步骤，又融入了对“一带一路”的政策宣传。 科学技术是第一生产力，鼓励学生勇于攀登科学高峰并积极创新，珍惜青春，努力奋斗，鼓励学生们能够像卡鲁斯卡尔一样，具有追求真理的勇气	2.2 民族精神 5.4 工程伦理	课后作业（4）： 按照课后作业评价表，对学生课后作业情况进行评价，重点考查学生最小生成树的求解方法情况掌握以及追求真理、勇于奋斗的精神

续表

课程模块	课程内容	课程思政元素	教学素材	教学实施建议	支撑专业课程思政二级指标	考核评价
模块三： 非线性模块	最短路径	终身学习 法治认同	案例：大师迪杰斯特拉成长史	通过讲授迪杰斯特拉算法发明者的个人经历，引导学生去了解迪杰斯特拉算法在路径规划问题中的广泛应用。随着社会的发展，基于距离的路径规划问题不再是唯一关注的要点。现在有一些路径规划算法，会考虑基于环境友好的路径规划问题。引导学生去关注算法对环境带来的影响，以及终身学习的问题。引导学生去进一步讨论，作为用户而言，行程分享等功能会涉及一些隐私保护的问题，而这不仅是一个技术问题，还是一个法律问题。让学生了解在算法设计的同时也要有法治思维和法治认同	3.2 科学素养 4.1 法治认同	小组讨论（12）： 小组通过案例展开讨论，根据小组讨论评分表进行评分，重点考查学生终身学习的能力
模块四： 操作模块	静态查找	分而治之	案例：军事学拆分敌人兵力	在讲解折半查找“取中比较，分而治之”的思想时，引入军事学拆分敌人兵力的案例，正面突破分割敌人，然后各个击破，最终取得胜利。引导学生拥有大局意识和统筹思想	3.2 科学素养	课后作业（5）： 按照课后作业评价表，对学生课后作业情况进行评价，重点考查学生对三种查找方法的掌握情况以及对科学方法的掌握
	二叉排序树查找	解放思想	案例：电商会员系统中消费额与会员积分查询	通过案例电商会员系统中消费额与会员积分查询，让学生进行分组，尝试使用二叉排序树查找实现，并讨论还可以使用什么查找算法实现，引导学生要学会分析问题，用不同的算法解决同一问题，解放思想	3.2 科学素养	课堂测验（3）： 通过课堂测验评价方式对学生进行专业知识的评价，重点考查学生解决问题的能力

续表

课程模块	课程内容	课程思政元素	教学素材	教学实施建议	支撑专业课程思政二级指标	考核评价
模块四：操作模块	哈希查找	法治意识 依法技术开发	案例：拼多多优惠券漏洞	通过拼多多优惠券漏洞事件的案例，让学生讨论信息安全的重要性，数据泄露、高危漏洞、网络攻击以及相关的网络犯罪等都会对国家和企业等带来巨大的损失。哈希算法很重要的应用就是安全加密和数据校验，通过案例激发学生学习该算法的兴趣，引导学生不能利用计算机技术违法犯罪，让学生认识到依法从业的重要性	4.2 法治思维 4.4 依法从业	小组讨论（13）： 小组通过案例展开讨论，根据小组讨论评分表进行评分，重点让学生感受科技进步的同时，坚定我国实现从科技大国走向科技强国的信心
	插入排序	规则意识	案例：排序手中的扑克牌	通过引入一些人排序一手扑克牌的方法，与插入排序遵守的规则类似，让学生掌握插入排序的基本思想，引导学生遵纪守法，培养学生的规则意识	4.3 遵守规则	小组讨论（14）： 小组通过案例展开讨论，根据小组讨论评分表进行评分，重点培养学生的规则意识
	选择排序	团队协作精神	案例：学科竞赛团队排名	案例要求实现在竞赛中题目通过率高的队伍排名靠前，通过率低的队伍排名靠后，使用选择排序的方法进行案例实现，使学生通过程序编写掌握选择排序的思想，从而也进一步理解在比赛时要有团队合作精神	5.3 个人品德	课后作业（6）： 按照课后作业评价表，对学生课后作业情况进行评价，重点考查学生对选择排序思想的掌握情况并引导学生了解团队合作的重要性

续表

课程模块	课程内容	课程思政元素	教学素材	教学实施建议	支撑专业课程思政二级指标	考核评价
模块四：操作模块	交换排序	积极创新 人文关怀	案例：排序无处不在 素材：3 个 App（学习强国、手机淘宝、美团外卖）	结合3个App（学习强国、手机淘宝、美团外卖）实例的界面截图，介绍它们各自包含的排序功能，引出排序算法的广泛应用和排序效率的重要性，高效的排序算法将有助于缩短排序时间，提高计算速度。通过手机App中随处可见的排序功能引出在进行界面设计时要以方便人们浏览查阅为目标，并且要利用信息技术创新的解决现实问题	2. 3 时代追求 3. 1 人文素养	课后作业（7）： 按照课后作业评价表，对学生课后作业情况进行评价，重点考查学生对交换排序的理解，以及解决问题的创新性
	归并排序	大胆创新 勇于探索	案例：人口普查	通过人口普查的做法，将问题拆分成省级、市级、区级、县级、街道级自下而上统计的方法，引导学生讨论发现生活中用分类解决问题的实例。鼓励学生遇到问题要敢于突破陈规，大胆创新，勇于探索，善于用新方法，新思想	2. 3 时代追求 5. 2 职业道德	课堂抢答（4）： 根据课堂抢答的评价方式对学生抢答问题进行评价，重点引导学生勇于探索，用计算思维创新地解决问题

五、考核评价

根据《数据结构与算法》课程特点，过程性评价与终结性评价相结合，采用多元化考核评价方式，注重学生家国情怀、文化素养等的评价。

（一）过程性评价

1. 评价形式

评价形式如表3－2所示。

表3－2 评价形式表

评价形式	小组讨论	课堂测验	课后作业	课堂抢答
数量	14	3	7	4
占比	50%	10%	25%	15%

2. 评价标准

小组讨论，小组代表汇报。组内学生自评占10%，组间互评占20%；全体学生评价小组代表汇报情况占30%；教师评价小组代表汇报情况占40%。小组代表汇报成绩作为小组成员成绩。小组讨论评分如表3－3所示。

表3－3 小组讨论评分表

项目	主题突出	思路清晰	价值正向	领悟深刻	备注
权重	0.4	0.2	0.3	0.1	

课堂测验。本课程过程性评价中，课堂测验3个，每份课堂作业满分100分，通过线上教学平台记录学生成绩。课堂测验题主要是专业知识测试题，专业知识测试题中客观题由线上教学平台自动评判，主观题由教师评价，考查学生对课程专业知识的掌握情况，以及学生知识应用的情况，旨在激发学生学以致用。课堂测验评分如表3－4所示。

表 3-4　　课堂测验评分表

项目	测验完成	知识掌握	知识运用	价值领悟	备注
权重	0.2	0.2	0.3	0.3	

课后作业。本课程过程性评价中，课后作业共 7 个，课后作业根据学生完成情况由任课教师综合评定，采用百分制赋分。课后作业评分如表 3-5 所示。

表 3-5　　课后作业评分表

项目	作业完成	知识掌握	知识运用	价值领悟	备注
权重	0.5	0.3	0.1	0.1	

过程性评价中的课堂抢答共 4 个，依托线上学习平台进行，根据抢答顺序设置位次分数，第 1 位为 3 分，第 2 位、第 3 位为 2 分，其他位次为 1 分，按照抢答顺序回答问题，回答正确者加 10 分。旨在活跃课堂气氛，调动学生学习的积极性。

（二）终结性评价

本课程采取闭卷的终结性考核方式。试题形式和内容突出基础性、综合性、应用性和创新性，通过设计探究性试题，考核内容既要考查学生专业知识掌握和综合应用情况，又要考查学生大胆创新、敢于创造的文化素养；考查学生的使命担当、科技强国的家国情怀；考查学生的遵纪守法的政治认同；考查学生的拥有维护社会秩序、团结友爱的道德修养。

第四章

“计算机组成原理”课程思政教学设计

一、课程基本情况

“计算机组成原理”课程是物联网工程专业的一门专业基础课程，在课程系列中处于核心地位，起着承上启下的作用；也是一门理论性、工程性、技术性和实践性都很强的课程。本课程共 64 学时，4 学分，其中理论部分 48 学时，实验部分 16 学时。

通过本课程的学习，学生能够掌握计算机基本组成部件（包括运算器、控制器、存储器、输入/输出）的结构、工作原理和内部运行机制；能够理解组成部件间的连接及配合，形成较完整的计算机组成与工作原理模型，从而建立一个完整的计算机系统整体概念。课程学习将为研究生考试、后续课程（如系统结构、并行编程、嵌入式系统、接口技术等）的学习、从事 IT 行业产品研发等奠定坚实的基础。

二、课程思政目标

本课程围绕物联网工程专业育人目标，结合课程特点，注重知识传授、能力培养与价值塑造的统一，在思政教育上要达到以下目标。

（1）结合我国计算机技术发展历程等教学内容，挖掘党的领导、理想信念、文化自信、国际视野等思政元素，培育学生的政治认同感，认同中国特色社会主义发展道路。

（2）结合计算机基本组成部件的结构、工作原理、内部运行机制及硬件功能部件和硬件系统的设计方法等教学内容，挖掘人生价值、民族精神、时代追求、社会责任等思政元素，培育学生的家国情怀意识，激发学生的爱国情怀和责任担当。

（3）结合计算机各部件的连接及配合等教学内容，挖掘人文学养、艺术涵养、科学素养、心理修养等思政元素，培育学生的文化素养，使学生树立正确的世界观、人生观和价值观。

（4）结合计算机组成原理中各类行业标准等教学内容，挖掘法治认同、法治思维、遵守法规、依法办事等思政元素，培育学生的法治意识，引导学生认同中国特色社会主义法治体系，养成用法治思维和法治方式来处理日常生活中各种问题的习惯，自觉遵守国家法规和行业规则。

（5）结合课程教学过程中设计的各类实践活动等内容，挖掘社会公德、职业道德、家庭美德、个人品德等思政修养，培育学生的道德修养，培养学生具有能够在计算机工程实践中理解并遵守履行工程职业道德和规范。

三、课程内容与课程思政元素

（一）模块一：计算机系统概述

1. 计算机发展历程

我国计算机的发展开始于20世纪50年代，中国计算机的发展同样经历了四个阶段：第一代电子管计算机研制；第二代晶体管计算机研制；第三代中小规模集成电路计算机研制；第四代超大规模集成电路计算机研制。在我国计算机发展过程中，涌现出一批又一批的为中国计算机事业奉献一生的伟大科学家，如被誉为中国计算机之母的夏培肃，先于1952年参加中国第一个计算机组，后于1960年成功研制了中国第一台电子计算机，后攻克了计算机领域内多种难关，为国家培养了多名计算机专业人才，将自己的一生完全奉献给了中国的计算机事业，充分体现自身的人生价值。通过对中国计算机发展史以及相关领域科学家事例的介绍，引导学生将自己的理想信念融入中国民族的伟大复兴中，在实现科技强国的“中国梦”过程中实现自己的人生价值。

2. 摩尔定律

1965年，戈登·摩尔在论文中对集成电路上可容纳的晶体管数目、性能和价格等发展趋势进行了预测。其主要内容可概括为：“当价格不变时，集成电路上可容纳的晶体管数量大约 18 ~24 个月翻一番，性能也将提升一倍。”这就是著名的摩尔定律。事实上，在过去的 50 多年时间中，半导体行业经历了很多重大变化，这些变化都使得摩尔定律中的许多前提性假设不再适用。十年后的第二篇论文中，摩尔又修改了预言，他把一年改成了两年，理由是“新的趋势”。而到了现在，放缓至 3 年翻一番，摩尔定律的放缓已成为行业的共识。所以说，在半导体行业和市场发生变化之时，摩尔定律也不墨守成规，而是跟着一同改变。通过学习摩尔定律引导学生在计算机领域知识的发展规律中理解物质永恒运动、量变与质变的辩证发展观，培养学生的科学素养。

（二）模块二：数据信息的表示

1. 数据表示

数据是指所有能输入到计算机中并被计算机识别、存储和加工处理的符号总称。计算机中的数据分为数值型数据和非数值型数据两大类，前者指数学中的代数值，具有量的含义，可以进行加、减等算术运算，如整数、小数等，后者是不能进行算术运算的数据，没有量的含义，如字母、符号等。在计算机中，无论是数值型数据还是非数值型数据，为什么均采用二进制表示呢？让学生联想到古人用阴阳两种符号来描述世界的道理。阴和阳（0 和 1）都是代表自然界中两种不同的状态，通过阴阳的变化规律和简单的符号来描述我们现实世界变化规律。在讲计算机的数据表示时，结合《易经》知识，从八卦图中理解二进制的含义，引导学生树立以中华文明为底蕴的文化意识，努力提高学生的人文学养。

2. 浮点数表示

二进制浮点数可表示成阶码和尾数两部分，其中阶码是定点整数，而尾数是定点小数。字长固定的情况下，阶码位数越多表示数据范围越大，尾数的位数越多，表示的精度就越高。可见，二进制浮点数并不能精确表示十进制浮点数。电气与电子工程师协会 754（IEEE754）标准中 0.1 这样的十进制浮点数只是近似数，与实际值存在微小的误差，但在工程设计中，往往失之毫厘谬以千里。例如，2021 年，一辆小马智行完全无人测试车在美国加州弗里蒙特测试变道时开上了道路中央的隔离带，并与道路中间的路标发生了轻微碰撞。事后分析事故原因是程序发生了浮点数舍入差异。通过此次事件培养学生在工程实施过程中要精益求精，以严谨态度提升科技创新水平的工匠精神。

3. 非数值数据的表示—汉字编码

汉字编码是为汉字设计的一种便于输入计算机的代码。汉字信息处理系统一般包括编码、输入、存储、编辑、输出和传输。计算机中汉字的表示也是用二进制编码，根据应用目的不同，汉字编码分为外码、交换码、机内码和字形码。由于电子计算机现有的输入键盘与英文打字机键盘完全兼容，因而如何输入非拉丁字母的文字（包括汉字）便成了多年来人们研究的课题。在汉字编码发展过程中，五笔字型发明者王永民创新性的将12000多汉字按照汉字架构拆分为600个字根，通过不断合并删减，最终研究出25键方案顺利将五笔编码融入计算机原装键盘，实现了汉字的输入问题。通过对五笔字型编码研发过程的介绍，让学生我国的科技工作者们始终坚持汉字文化自信，努力将汉字融入计算机科技领域，感受中国先辈科学家把个人价值实现与为国家做贡献紧密结合的民族精神。

（三）模块三：运算方法与运算器

1. 计算机中的运算

计算机的运算过程本质上讲就是执行程序的过程，而程序是由若干条指令组成的，计算机逐条执行程序中的指令，就可完成一个程序的执行，从而完成一项特定的运算工作。每台计算机，都有一套自己的指令集合，任何复杂的程序或运算，都是运行用自己的一套指令，驱动计算机的硬件去工作，完成相应的运算。在中国，算盘也有自己的一套运算口诀，自古以来，人们就是运用这套口诀在算盘上进行加减乘除的数据计算。这样说来，中国的算盘可以被称为早期计算机的雏形。引导学生讨论算盘的计算思想，体会中国优秀传统文化的魅力与瑰宝，培养学生的民族认同感和民族自豪感。

2. 异或运算

异或运算是一个逻辑运算，就是判断两个对象同为真或者同为假时判断结果为假，只要有一个为真时结果为真。异或的特点是原始值经过两次异或某一个数后会变成原来的值，利用这个特性来进行加密。加密端把数据与一个密钥进行异或操作，生成密文。接收方收到密文后利用加密方提供的密钥进行再次异或操作就能得到明文。在讲解异或运算时，引导学生了解勒索病毒的相关内容，并宣传《计算机病毒防治管理办法》的法律知识，引导学生自觉遵守法律法规，培养学生法治思维和法律意识，养成按照法律程序办事的行为习惯。

3. 数据溢出

对数据的处理要做到高效（速度）、全面（多种运算、多种数据类型）、精确的处理（溢出），ALU 运算器设计要为各种高级语言做好服务。数据在运算中可能会产生溢出，运算器必须有相应的电路检测溢出。在程序设计中，运算产生了溢出问题，作为程序员是否考虑了溢出问题，如果不处理溢出问题会造成什么样的后果。“阿里亚娜 -5”火箭爆炸就是这方面典型的例子。1996 年 6 月，美国“阿里亚娜 -5”火箭发射 37 秒后自毁、爆炸。爆炸是由于数据从 64 位浮点值转换为 16 位带符号整数值而导致的运算溢出。以此提醒学生在今后对待自己的学习和工作都要具备严谨的科学态度、精益求精的精神。

（四）模块四：存储系统

1. 半导体存储器

半导体存储产业发展经历了美国领先到日本领先，美日贸易广场协议后韩国迅速崛起。而中国作为半导体存储器的消费大国，消费了全球接近 50% 的存储器产能，但国内相关技术却积累薄弱，自给能力不强。现如今在关键核心技术国产替代浪潮的推动下，我国半导体行业正逐渐崛起，比如长江存储。国内存储器行业已经逐渐拥有较为完善的产业链，半导体行业也正面临着历史性的发展机遇。通过对国际存储器产业竞争现状以及国家对存储器产业发展部署情况的介绍，扩展学生的国际视野，让学生了解国家所面临的机遇与挑战，培养学生的忧患意识和为国家 IT 产业自主而奋斗的时代精神。

2. Cache 的替换算法

替换算法也称为淘汰算法，如果 Cache 中已装满数据，当新的数据块要载入时，必须从 Cache 中选择一个数据块替换，替换数据块中如果存在脏数据，还需要将淘汰算法同步到主存中。常用的替换算法有：随机算法（RAND）、先进先出算法（FIFO）、近期最少使用算法（LRU）、最不经常使用算法（LFU）。其中，我国工程师通过不断的攻坚克难将LRU算法改进和优化后将其应用在智能手机的任务管理器功能中，通过课中实践，让学生切身体会我国移动互联网的快速发展，引导学生学习国家对于移动互联产业的战略部署，深入分析国家在移动互联行业的为民、惠民路线，培养学生坚决拥护中国共产党的领导，贯彻执行科技强国方针政策。

3. 虚拟存储器

存储器是计算机系统的“脑空间”，是多道进程的运行空间。为实现“小内存运行大作业”，最直接的方法是增加物理内存物理容量，但此途径会增加硬件成本。如果在进程创建时仅装入作业的一部分程序或数据进入内存，其余部分暂时留在辅存上，需要时再请求调入数据至内存，基于这种思想，人类发明了虚拟存储管理技术。虚拟存储器一般有三种内存管理方式：分页式、分段式、段页式管理方式。几种存储管理方式的产生不断更新换代，由易到难，遵循从简单到复杂，由低级到高级的事物发展规律，新事物的出现往往是因为人们的“需要”，人们的需求是驱动新事物发展的原动力，引导学生始终坚持用发展的观点看问题，学会用长远眼光来看待事物更替。

（五）模块五：指令系统

1. 指令系统概述

指令系统即计算机的指令集，是一个CPU所能够处理的全部指令的集合，它决定了一个CPU能够运行什么样的程序，是计算机硬件与外界打交道的手段。我们使用的高级语言编写的程序，必须先翻译成指令集中的一条条指令，CPU通过执行翻译的一条条指令，才能使计算机为我们工作。我国指令系统经过十多年的自主研究开发，在专利技术上已经有所积累，但指令系统种类过多、专利缺乏系统化布局仍让我国处于被动的状态。在学习该部分知识时，不仅要学习理论，也要关注国际社会对于指令集发展的竞争现状，培养学生的国际视野，激发学生投身国产IT生态自主可控事业的使命感。

2. CISC和RISC

复杂指令集计算集（complex instruction set computer，CISC）和精简指

令集计算机（reduced instruction set computer，RISC）是两大类主流的 CPU 指令集类型，其中 CISC 以 Intel、AMD 的 X86 CPU 为代表，而 RISC 以 ARM、IBM Power 为代表。RISC 的设计初衷针对 CISC CPU 复杂的弊端，选择一些可以在单个 CPU 周期完成的指令，以降低 CPU 的复杂度，将复杂性交给编译器。但随着不断发展，CISC 与 RISC 正在逐步走向融合，Pentium Pro 就是一个最明显的例子，Pentium Pro 接受 CISC 指令后将其分解分类成 RISC 指令以便在同一时间内能够执行多条指令。由此可见，下一代的 CPU 将融合 CISC 与 RISC 两种技术，从软件与硬件方面看二者取长补短，没有高低之分，进而引导学生知识的学习要严谨，对于技术的发展要多方面去思考，不能持全面否定或肯定的态度去对待，培养学生全面、辩证的科学观。

3. 典型指令系统

目前，国际上具有一定影响力的指令集有 X86、MIPS、ARM、Power、Alpha、SPARC、RISC－V 等，他们的知识产权皆属于国外各大科技公司，国内 CPU 公司只能引进这些指令集，始终保持一种跟随状态，缺乏指令系统的自主性。现如今，真正由国内自主研发的指令系统只有龙芯的 LoongArch 和神威公司的 SW64。通过对国际典型指令集的介绍，引导学生思考指令系统自主性对国家 IT 生态环境的重要性，激发学生不甘落后、自主研发的时代精神。

（六）模块六：中央处理器

1. 中央处理器概述

中央处理器作为计算机系统的运算和控制核心，是信息处理、程序运行的最终执行单元，也是武器装备的核心器件。我国缺少具有自主知识产权的 CPU 技术和产业，不仅造成信息产业受制于人，而且国家安全也难以得到全面保障。“十五”期间，国家“863 计划”开始支持自主研发 CPU。“十一五”期间，“核心电子器件、高端通用芯片及基础软件产品”（“核高基”）重大专项将“863 计划”中的 CPU 成果引入产业。从“十二五”开始，我国在多个领域进行自主研发 CPU 的应用和试点，在一定范围内形成了自主技术和产业体系，可满足武器装备、信息化等领域的应用需求。通过对 CPU 重要性的介绍以及我国在 CPU 研发领域的不断攻坚与奋力拼搏，激发学生的爱国情怀，以及坚定中国从科技大国迈向科技强国的信心。

2. 时序与控制

中央处理器由运算器和控制器构成，控制器根据指令的要求控制各执行功能部件按时间先后次序进行相应的操作，从而形成相应的数据通路，最终实现指令的功能，计算机能够执行程序依赖于控制器、运算器的精妙配合，缺一不可，由此可引申到团队项目中的成员和团队的关系，以此培养学生团队合作的精神。

3. 中央处理器设计

一般来说，要设计一个简单的 CPU，首先应基于现有的或重新设计一个指令系统，然后根据该指令系统搭建对应的数据通路，然后处理数据通路的时序与控制逻辑。在 CPU 设计过程中可靠性是产品考核的第一要素，但不能作为唯一要素，该产品是否会违反国家法律法规的要求，是否会危害人民群众的生命财产安全等都是必须要考虑的重要因素，所以在 CPU 设计中，工程师必须要遵守行业规则、国家法律，不为利所动，保持高尚的道德情操，不可做出在设计过程中为自己留“后门漏洞”的行为，如英特尔 CPU“漏洞门”事件。通过此新闻案例，引导学生讨论在工程设计过程中要遵纪守法，不为利所动、不为欲所惑，树立高尚的道德情操。

（七）模块七：总线系统

总线标准是国际上公布或推荐的互联各个模块的标准，把各种不同的模块组成计算机系统时必须遵守的规范。为什么要设置总线标准呢？总线标准化有利于不同厂商分工协作生产出标准化的计算机，使相同功能的部件可以互换使用，极大推动计算机的发展，如 IBM 公司的 PC/XT 总线标准就直接开启了兼容机的时代。讲到这部分知识点时，引导学生了解中国的通信网络发展经历了“1G 空白、2G 跟随、3G 突破、4G 并跑、5G 引领”的过程。在 2016 世界电信标准化全会（WTSA16）上，将中国华为公司主推的 Polar Code（极化码）方案，成为 5G 控制信道 eMBB 场景编码最终方案，各大外国的通信设备生产商在 5G 的通信设备中都会采用“华为的标准”。通过该案例一方面培养学生认识标准的重要性，遵守职业规范化道德；另一方面激发学生以科研为骄傲，培养科技报国的家国情怀。

（八）模块八：输入输出系统

1. 中断控制方式

中断技术把有序的程序运行和无序的随机中断事件统一起来，极大地增强了系统处理能力和灵活性，其核心就是设置了中断优先级。中断优先级就是 CPU 响应并处理中断请求的先后次序。当同时有多个中断源向 CPU 发中断请求时，优先级高的先响应，优先级低的后响应。换句话说，哪个中断源请求的优先级越高，哪个中断源抢占计算机的资源就越快，越多，越早执行；反之，中断源优先级低的资源也会被优先级高中断源所抢占，从而失去被 CPU 执行的机会。讲解该知识点时，引导学生思考：毕业以后，如何提高社会竞争力问题，如何在竞争中获得较高的优先级的问题。当下，只有做好职业生涯规划，才能在未来的竞争中立于不败之地。以此对学生进行职业生涯规划教育，引导学生了解社会、融入社会，结合自身情况，合理规划好大学生活，把自己培养成勇于创新、奋勇争先、追求进步的时代弄潮儿。

2. DMA 方式

按照 I/O 控制器功能的强弱以及和 CPU 之间联系方式的不同，可以把 I/O 设备的控制方式分为五类：直接程序控制方式、中断驱动控制方式、直接存储器访问（DMA）控制方式、通道控制方式和外围处理机方式。其中 DMA 方式在总线上设置了 DMA 控制器电路，由控制电路临时接管总线代替 CPU 控制外部设备和内存之间的批量数据交换，CPU 不再参与实际数据传输过程，系统效率得到极大提高，DMA 的控制方式与 I/O 控制方式发展的目标不谋而合，皆是尽量减少 CPU 对 I/O 控制的干预，把 CPU 从繁杂的 I/O 控制事务中解脱出来，以便更多地进行数据处理，提高计算机效率和资源的利用率。因此 DMA 方式抓住了 I/O 控制方式发展的核心，解决了主要矛盾，在讲解该部分知识时可以培养学生遇到工程类问题时要学会抓重点的专业素养。

四、课程思政实施路径

“计算机组成原理”课程思政实施路径如表 4－1 所示。

表 4-1　“计算机组成原理”课程思政实施路径

课程模块	课程内容	课程思政元素	教学素材	教学实施建议	支撑专业课程思政二级指标	考核评价
模块一：计算机系统概述	计算机发展历程	科技兴国；创造与奉献	案例：中国第一台电子计算机的研发	采用案例分析、分组讨论的方法，在介绍我国计算机发展历史时，通过具体的事例，帮助学生掌握计算机发展阶段，同时体会科学家先辈将自身理想寄托于中国计算机事业，并为之奉献一生的精神，充分实现了自身价值，由此引导学生将自己的理想信念融入中华民族的伟大复兴中，在实现科技强国的“中国梦”过程中实现自己的人生价值	1.2 理想信念 2.1 人生价值	课后作业（1）： 请结合中国计算机发展进程与最新的发展困局，撰写不少于 500 字的作业，谈谈中华民族的创新精神和自己的理想追求，题目自拟，重点考查学生的家国情怀
	摩尔定律	辩证唯物主义：发展观	材料：摩尔定律的发展过程	采用文献查阅、小组合作的方法，在讲授摩尔定律的基础上，要求学生通过小组合作的方式查阅摩尔定律提出以及后续发展的各种阶段（包括摩尔第二定律、新摩尔定律），引导学生运用马克思主义基本观点和方法分析问题、解决问题	3.2 科学素养	小组讨论（1）： 围绕案例开展小组讨论，组长汇报，根据小组讨论评分表进行评分，重点考查学生对摩尔定律的认识，体会科学理论从提出到成熟的过程中，不断变化的辩证发展观

续表

课程模块	课程内容	课程思政元素	教学素材	教学实施建议	支撑专业课程思政二级指标	考核评价
模块二：数据信息的表示	数据表示	中华传统文化	材料：阴阳八卦的基本知识	在讲计算机的数据表示时，采用讨论法，结合《易经》知识，讨论计算机中的数据为什么采用二进制表示？从八卦图中的阴阳理解计算机中的二进制的含义，引导学生树立以中华文明为底蕴的文化意识，努力提高学生的人文学养	3.1 人文素养	小组讨论（2）： 学生以小组为单位汇报学习成果，小组撰写讨论报告，根据小组讨论评分表进行评分，重点考查学生对计算机中的数据表示采用二进制的原因，体会中国传统文化的精髓
	浮点数表示	精益求精； 工程安全意识	案例：小马智行无人驾驶车测试事故	通过案例教学，让学生了解浮点数运算会面临精度误差问题，小小的误差值在计算过程中会慢慢累积，最终可能酿成严重后果，为确保计算机工程的安全性，要严格保证精度误差值的范围，引导学生关注工程安全问题，培养精益求精的工匠精神	5.2 职业道德	课后作业（2）： 以小马智行测试失败事件为例撰写论文式作业，分析事故发生原因及对此的思考。重点考查学生对浮点精度重要性的认知，计算机工程中所蕴含的社会责任与工匠精神
	非数值数据的表示—汉字编码	民族自豪感； 开拓创新	案例：“王码五笔字型”的发明	在汉字编码的教学过程中，通过启发式教学方法引导学生积极思考汉字的输入过程，引入五笔字型输入法的研发过程，让学生充分感受坚持汉字文化自信，努力将汉字融入计算机科技领域，感受中国先辈科学家把个人价值实现与为国家做贡献紧密结合的民族精神	1.3 文化自信 2.2 民族精神	小组讨论（3）： 采用翻转课堂，学生以小组为单位汇报学习成果，小组撰写讨论报告，根据小组讨论评分表进行评分，重点考查学生对汉字从输入到输出的编码全过程的掌握与民族精神的体会

续表

课程模块	课程内容	课程思政元素	教学素材	教学实施建议	支撑专业课程思政二级指标	考核评价
模块三：运算方法与运算器	计算机中的运算	传统计算文化；民族自豪感	材料：中国算盘蕴含的计算思想	讲解计算机中计算方法的同时，引入中国古代算盘的故事，引导学生讨论其中的计算思想，体会其他国家所不具备的中华优秀传统文化的魅力，培养学生的民族认同感和民族自豪感	1.3 文化自信 2.2 民族精神	课堂测验（1）： 以计算机中的四种机器码为知识点展开课堂测验。重点考查学生对于原码和补码原理与应用的掌握程度，设置软件与硬件结合的测试题考查学生对材料中所蕴含的专业知识的理解，培养学生的民族自豪感
	异或运算	法律准则；依法技术开发	案例：异或运算的应用 – Unname 1989 计算机勒索病毒	采用案例分析，就计算机勒索病毒的加密原理展开讨论，加深学生对异或运算的“神奇功能”的认识。通过计算机病毒勒索案例，向学生科普《计算机病毒防治管理办法》，主要引导学生认同中国特色社会主义法治体系，培养用法治思维和法治方式处理日常生活中各种问题的意识，自觉遵守法规，养成按照法律程序办事的行为习惯	4.1 法治认同 4.4 依法从业	小组讨论（4）： 围绕案例组织学生以发散式思维方式进行小组讨论，个人撰写报告，根据小组讨论评分表进行评分，重点考查学生对计算机运算方式的掌握与遵纪守法重要性的体会

续表

课程模块	课程内容	课程思政元素	教学素材	教学实施建议	支撑专业课程思政二级指标	考核评价
模块三：运算方法与运算器	数据溢出	严谨的科学态度； 精益求精的精神	案例：“阿丽亚娜－5”运载火箭爆炸	通过案例分析，就数据在运算中可能会产生溢出进行讨论，深入思考运算器为什么必须有相应的电路检测溢出，作为程序员是否考虑溢出问题。对“阿丽亚娜－5”火箭因数据溢出导致的爆炸事故和灾难进行分析。从而培养学生要具备严谨的科学态度和精益求精的工匠精神	3.2 科学素养 5.2 职业道德	课后作业（3）： 以“阿丽亚娜－5”火箭爆炸安全事故为题撰写论文式作业，分析事故发生原因及对此的思考。重点考查学生对精度溢出检测重要性的认知和工程设计过程中所需要的严谨的科学态度与精益求精的工匠精神
模块四：存储系统	半导体存储器	拓展国际视野； 奋勇争先	材料：半导体存储器国际竞争现状； 材料：中国半导体产业的崛起—长江存储	采用分组讨论的方法，以半导体存储器产业发展为主题，让学生自主查询资料了解国内与国外半导体产业的发展现状。同时介绍我国存储器领先企业，让学生了解我国对半导体存储产业以及整个集成电路产业发展的战略布局，培养学生放眼世界，关注产业环境的大工程观，提升学生推进我国 IT 独立自主的时代责任感	1.4 国际视野 2.3 时代追求	课后作业（4）： 以半导体存储器的发展为题撰写报告式作业，分析半导体的种类以及我国对于半导体行业的发展规划。重点考查学生对于基本知识的掌握和时代责任担当

续表

课程模块	课程内容	课程思政元素	教学素材	教学实施建议	支撑专业课程思政二级指标	考核评价
模块四：存储系统	Cache 的替换算法	国家认同感；科技强国	案例：智能手机中“任务管理器”的开发	在相关知识点讲授中，对于枯燥的知识，通过学生操作手机中任务管理器而亲身体验科技就在身边。我国工程师将该算法改进和优化后用在智能手机中，正是由于我国政府的大力支持和大量投入，以及科技人员的不断攻关，使得我国移动互联网技术得以迅猛发展并走在了世界的前列，从而增加学生对国家的认同感	1.1 党的领导	课堂测验（2）： 以 Cache 替换算法的三种方式为知识点展开课堂测验。对于 Cache 算法等基础知识点设计选择、填空等客观题，对于 Cache 算法的应用等知识点设计主观分析题的形式重点考查学生对于 Cache 算法的认知以及对家国情怀的理解
	虚拟存储器	用发展的眼光看问题	材料：“小内存大作业”问题	采用启发式教学方法，引导学生积极思考 3 种虚拟存储技术是如何解决“小内存大作业”的问题。通过小组讨论，3 种虚拟存储技术是如何更新换代的，培养学生遵循从简单到复杂，由低级到高级的事物发展规律，引导学生始终坚持用发展的观点看问题，学会用长远眼光来看待事物更替	3.2 科学素养	小组讨论（5）： 围绕材料开展小组讨论，组长汇报，根据小组讨论评分表进行评分，重点考查学生对虚拟存储器的应用范围认知，以及在虚拟存储器的存储管理方式发展过程中，对科学素养提升重要性的认知
模块五：指令系统	指令系统概述	拓展国际视野	材料：指令系统国际发展状况	以小组讨论的形式，引导学生自己查阅资料了解指令系统的基本知识与对 IT 生态环境的重要性，同时讲解指令系统目前的分类与国际发展现状，帮助学生理解指令系统的整体知识结构以及扩展学生的国际视野	1.4 国际视野	课后作业（5）： 以国际指令系统发展为题撰写报告式作业，分析国际指令系统的分类、发展现状与发展趋势，重点考查学生对指令系统的知识架构和总体发展的理解

续表

课程模块	课程内容	课程思政元素	教学素材	教学实施建议	支撑专业课程思政二级指标	考核评价
模块五：指令系统	CISC 和 RISC	认识论：实践对认识的决定性作用； 辩证唯物主义看待问题	材料：CISC 和 RISC 的特点	采用分组辩论的方式，以 CISC 和 RISC 为主题，讨论两者各自的特点，然后介绍随着硬件速度、芯片密度的不断提高，RISC 系统也开始采用 CISC 的一些设计思想，CISC 也在不断地部分采用 RISC 的先进技术，其性能也得到了提高。CISC 追求大而全，RISC 追求小而精，是大而全好还是小而精好，都不可妄论，对于技术的发展要多方面去思考，不能持全面否定或肯定的态度去对待，以此培养学生全面、辩证的科学观	3. 2 科学素养	课堂测验（3）： 以 CISC 和 RISC 技术为知识点展开课堂测验。对于 CISC 和 RISC 的设计原理和基础知识点设计选择、填空等客观题，对于 CISC 和 RISC 技术的相互融合应用等知识点设计主观分析题的形式重点考查学生的专业知识
	典型指令系统	自主研发	案例：龙芯新一代自主指令架构——龙芯架构	采用小组讨论、案例分析的方法，通过对主流指令集的举例和国产指令集——龙芯架构的介绍，引导学生思考在指令集系统核心知识产权被国外垄断的情况下对我国 IT 产业结构的影响，体会自主研发对于我国科技发展的重要性，从而激发学生勇于创新、不断拼搏的时代精神	2. 3 时代追求	小组讨论（6）： 采用翻转课堂，学生以小组为单位，根据小组讨论评分表进行评分，重点考查学生对计算机主要指令系统集合国际竞争现状的认知和家国情怀的体现

续表

课程模块	课程内容	课程思政元素	教学素材	教学实施建议	支撑专业课程思政二级指标	考核评价
模块六：中央处理器	中央处理器概述	科技强国；爱国情怀	案例：我国华为麒麟系列 CPU 及其迭代过程	通过情景引入，将智能手机 CPU 作为应用案例吸引学生的兴趣。以我国华为麒麟系列 CPU 为例，讲解麒麟系列 CPU 及其迭代过程，向学生传授 CPU 功能、组成和结构等专业知识，也能让他们感受到技术背后科技人员的奋斗精神和聪明智慧，同时在案例讲解中反映出我国政府对科技公司的有力支持，以此培养学生的爱国主义情怀	1.2 理想信念 2.2 民族精神	课后作业（6）： 以我国 CPU 发展历程为题撰写论文式作业，根据学生完成情况由任课教师综合评定，重点考查学生对中国 CPU 功能、组成和结构等专业知识的理解，领悟家国情怀、拼搏精神在科技更新迭代中的意义
	时序与控制	团队精神	问题：在多周期处理器中，如何保证指令的正确执行	通过相关知识点讲解，中央处理器由运算器和控制器构成，控制器根据指令的要求控制各执行功能部件按时间先后次序进行相应的操作，从而形成相应的数据通路，最终实现指令的功能，计算机能够执行程序依赖于控制器、运算器的精妙配合，缺一不可，由此可引申到团队项目中的成员和团队的关系，以此培养学生团队合作的精神	5.2 职业道德	课堂测验（4）： 将学生分组，运用“学习通”设置小组课堂抢答环节，通过专业知识竞赛的形式考查学生对 CPU 时序与控制过程的掌握程度与学生之间的团队合作精神

续表

课程模块	课程内容	课程思政元素	教学素材	教学实施建议	支撑专业课程思政二级指标	考核评价
模块六：中央处理器	中央处理器设计	遵纪守法； 高尚的道德情操	案例：英特尔CPU“漏洞门”事件	通过分组讨论形式，让学生以小组为单位查询资料自主了解CPU设计过程，再对新闻案例进行讲解，让学生体会在工程设计工作中认真严谨的必要性，同时，引导学生讨论我国拥有CPU自主研发能力的紧迫性与重要性，以此激发学生投身国产CPU自主可控事业的使命感	5.1 社会公德 5.4 工程伦理	课堂测验（5）： 以CPU设计为知识点展开课堂测验。其中对所涉及的基础知识点设计选择填空等客观题，对控制器等综合程度较高的知识点设计主观题，重点考查学生的基础知识与实践能力
模块七：总线系统	总线系统	科技报国； 规则意识	案例：中国5G标准的制定	在讲解总线标准概念时，采用启发式教学方法，引导学生思考：为什么要设置总线标准呢？结合案例内容，启发学生思考：采用华为5G标准给社会带来什么影响呢？通过该案例一方面培养学生认识标准的重要性，遵守职业规范化道德；另一方面激发学生以科研为骄傲，培养学生科技报国的家国情怀	2.2 民族精神 4.3 遵守规则	课后作业（7）： 围绕案例展开讨论，同时引申到计算机领域，以中国5G标准的制定为题撰写报告式作业，分析总线标准的设立原因与相关因素。重点考查学生对行业标准的认知和作业过程中的敬业程度

续表

课程模块	课程内容	课程思政元素	教学素材	教学实施建议	支撑专业课程思政二级指标	考核评价
模块八：输入输出系统	中断控制方式	不甘落后、奋勇争先	材料：大学生职业生涯规划	采用课堂讨论式教学方法将中断优先级的概念、理论阐述，与大学生职业生涯规划体系相融合，对学生进行职业生涯规划教育，引导学生了解社会、融入社会，结合自身情况，合理规划好大学生活，把自己培养成勇于创新、奋勇争先、追求进步的时代弄潮儿	2.3 时代追求 2.4 社会责任	小组讨论（7）： 围绕大学生职业生涯规划体系，组织学生以发散式思维方式进行小组讨论，个人撰写讨论报告，根据小组讨论评分表进行评分，重点考查学生对中断优先级概念的掌握与对大学生活的规划
	DMA 方式	解决问题要抓重点	材料：DMA 方式的特点	通过问题导入的方法，引导学生思考CPU与外部设备之间的信息交换所采用的几种控制方法最主要的区别在哪里，让学生了解I/O控制方式的发展核心就是尽可能减少CPU对I/O控制的干预，以此为前提介绍DMA控制方式。启发学生在处事方法上要区分重点与非重点、主要矛盾与次要矛盾，应该着重抓重点、解决主要矛盾	3.2 科学素养	作品设计（1）： 围绕DMA方式的讲解，通过在线实验平台设计DMA程序编程电路，按照作品评价标准进行评分，重点考查学生对硬件和软件整体设计的专业能力，以及创造能力、创新能力的体现

五、考核评价

根据"计算机组成原理"课程思政教学实施路径中考核评价栏目规定的考核方式，过程性评价与终结性评价相结合，采用多元化考核评价方式，注重学生思想动态变化。

（一）过程性评价

1. 评价形式

评价形式如表4－2所示。

表4－2　　评价形式表

评价形式	小组讨论	作品设计	课后作业	课堂测验
数量	7	1	7	5
占比	30%	10%	30%	30%

2. 评价标准

小组讨论，小组代表汇报。组内学生自评占30%，学生互评占20%；全体学生评价小组代表汇报情况占20%；教师评价小组代表汇报情况占30%。小组代表汇报成绩作为小组成员成绩。小组讨论评价如表4－3所示。

表4－3　　小组讨论评价表

项目	主题突出	思路清晰	价值正向	领悟深刻	备注
权重	0.3	0.3	0.2	0.2	

作品设计，本课程过程性评价中，作品设计共2个，每件作品满分100分。评分方式为：组内学生评价占30%；全体学生评价占20%；教师评价占50%。作品设计评分如表4－4所示，适用于所有作品设计。

表 4 -4　　作品设计评分表

项目	理念新颖	元素丰富	作品完整	价值正向	备注
权重	0.2	0.3	0.3	0.2	

课后作业，本课程过程性评价中，课后作业共 6 个，课后作业根据学生完成情况由任课教师综合评定，采用百分制赋分，课后作业评分如表 4 -5 所示。

表 4 -5　　课后作业评分表

项目	作业完成	知识掌握	知识运用	价值领悟	备注
权重	0.4	0.2	0.2	0.2	

课堂测验，本课程过程性评价中，课堂测验共 5 个，每份课堂作业满分 100 分，通过“学习通”记录学生成绩。课堂测验题包括专业知识测试题和开放型测试题，专业知识测试题中客观题由“学习通”自动评判，主观题和开放型试题由教师评价，考查学生的作答是否情感、思想健康，符合题意；是否有深刻、丰富的内涵，是否有创新，开放型试题旨在激发学生自我表达能力和想象力，培养创新型人才。

（二）终结性评价

本课程采取期中考试和期末考试的终结性考核方式。考核内容既要考查学生专业知识掌握和综合应用情况，又要考查学生的爱国情怀和责任担当，以及学生的工匠精神，使学生牢固树立关注工程与社会、环境的大工程观思维与勇于挑战，善于创新的精神、提升学生与专业有关的沟通与表达能力。

第五章

“计算机网络”课程思政教学设计

一、课程基本情况

“计算机网络”课程是物联网工程专业的一门专业核心课程，是以TCP/IP网络体系结构作为主线，以Internet作为实例来讲解计算机网络的基本原理及其应用的综合应用性课程，共64学时，4学分，其中理论48学时，实验16学时。

通过本课程的学习，使学生可以了解计算机网络的现状与发展趋势，理解计算机网络的基础知识，掌握TCP/IP体系结构及各层主要协议的基本原理，熟练应用Internet的各种服务。为后续的计算机网络系统的规划与建设，网络应用系统的开发等方面打下基础，培养学生解决实际应用问题的能力，为将来开发出可实际应用的技术打下坚实的理论基础。

二、课程思政目标

本课程围绕物联网工程专业育人目标，结合课程特点，注重知识传授、能力培养与价值塑造的统一，在思政教育上要达到以下目标。

（1）结合计算机网络的发展、时分复用技术等教学内容，挖掘党的领导、文化自信、国际视野等元素，引导学生拥护中国共产党的领导，增强政治意识，强化使命担当。

（2）结合物理层下面的传输介质、计算机网络在信息时代的作用等教学内容，挖掘人生价值、民族精神、时代追求、社会责任等元素，培养学生勇于创新的时代精神，立足国情，放眼世界，打造中国标准、中国方案。

（3）结合双绞线制作、网络协议等教学内容，挖掘科学素养、心理素养、工匠精神等元素，增进学生对网络文化的了解和把握，使学生具备网络领域的科学思维能力，深刻领悟网络专业知识中蕴含的科学精神。

（4）结合网络规则和网络安全概述等教学内容，挖掘法治认同、法治思维、遵守规则、依法从业等元素，培养学生对中国特色社会主义法治的认同感，使学生具备网络安全法治思维、规则意识和依法从业的观念。

（5）结合路由器的工作原理、网络空间安全威胁及现状分析等教学内容，挖掘职业道德、个人品德等元素，培养学生职业责任感、使命感，使学生将爱岗敬业作为第一职业要求，将诚实守信作为第一职业操守。

三、课程内容与思政元素

（一）模块一：计算机网络概述

1. 计算机网络在信息时代的作用

信息时代不断进步，各种网络技术在社会的各行各业中广泛应用，便利了人们的生活。同时计算机网络为工作也成为重要的交流平台。计算机网络不仅提高了人民的生活水平，还改变了人们的生活方式。以小论文的形式研究计算机网络在信息时代的作用。引导学生认识到计算机网络使我们的生活更智能，让学生意识到为把我国建设成网络强国而努力奋斗的重要性，增强学生的科学自信和民族自信心。

2. 计算机网络的发展

追溯计算机网络的发展历史，它的演变可概括地分成四个阶段：第一阶段：诞生阶段（20 世纪 60 年代中期）；第二阶段：形成阶段（20 世纪 60 年代中期至 20 世纪 70 年代）；第三阶段：互联互通阶段（20 世纪 70 年代末至 20 世纪 90 年代）；第四阶段：高速网络技术阶段（20 世纪 90 年代至今）。我国计算机网络建设起步晚，技术发展相对大量资金进行科研，在互联网等 IT 科技的发展中付出了极大努力，同时也获得了极大成功。结合材料，小组讨论计算机网络的发展史，揭示我国在计算机网络领域的贡献与发展，在科技创新等方面已追赶甚至超越发达国家，以此激发学生的科技强国的家国情怀和使命担当意识。

（二）模块二：物理层

1. 物理层下面的传输介质

物理层下面的有线传输介质主要有双绞线和光纤，光纤是一种较理想的传输介质。在讲授光纤的知识时，引入开创人类通讯新时代的“光纤传输之父”—高锟。高锟以“以光伏代替电流，用玻璃纤维代替导线”的发明使我们能够在互联网中任意畅游，引导学生在成长的道路上应勇于创新、敢于实践，为国家科技进步贡献自己的力量，培养学生创新实践的能力和精益求精的品质。

2. 时分复用技术

复用是将多路信号复合为一路后通过同一个信道传输，其目的是为了扩大通信链路容量，时分复用是一种重要的复用方式。介绍时分复用在卫星通信中的应用，中国发射了世界首颗量子科学实验卫星“墨子号”，在量子通信研究领域走在世界前列，为科学增添了中国智慧。从而引导学生感受在中国共产党的领导下我国卫星通信领域取得的成就，以此培养学生拥护中国共产党的领导、坚定中国特色社会主义理想信念。

（三）模块三：数据链路层

1. 网络协议

网络协议是实现网络特定功能的一系列规则。为了实现网络通信，网络的每一层都有多个协议，只要遵守这些协议就可以和任意站点实现互联、互通和互操作。网络协议充分体现了和谐、包容、尊重规则的理念。在社会生活中，只有遵守法律或约定俗成的社会规则的，才能获得充分的自由及广阔的天地来发挥自己的个性，反之则寸步难行。以此来培养学生的规则意识和与人和谐相处的心理素养。

2. 交换机

交换机是数据链路层的一个非常重要的网络设备。交换机常用的两个品牌，如思科和华为。国外权威机构 DellOro 研究报告显示，在服务供应商路由器和电信级以太网交换机市场中，在过去的20年，思科一直是核心路由器、交换机市场的霸主，占据了全球核心路由器、交换机市场份额的80%。如今，这一技术壁垒被华为攻下，华为首次超越思科，成为全球市场第一。说明我国自主创新能力显著增强，科学技术越来越成为推动经济发展的主要力量，以此培养学生勇于创新的科学精神和科技强国的信心。

（四）模块四：网络层

1. 网络规则

网络规则是网络中通信双方必须共同遵守的规则或约定。无论哪一层网络协议，只要需要实现网络通信，都要制定相应的规则，就像马路上的交通法规，只有遵守这些规则，才能在马路上正常有序地行进。同样地，在“计算机网络”的世界中，主机以及中间的通信设备需要遵守相应的规则才能进行正常有序的通信。作为当代大学生，也应该有这样的规则意识和追求卓越的意识。

2. TCP/IP

TCP/IP（传输控制协议/网际协议）是指能够在多个不同网络间实现信息传输的协议簇。通过学习TCP/IP定义电子设备连入因特网及数据传输的标准，培养学生的规则意识。通过学习TCP/IP冲破阻碍的发展史，培养学生不畏艰辛的苦行僧精神。

3. 路由器的工作原理

路由器是连接两个或多个网络的硬件设备，在网络间起网关的作用，是读取每一个数据包中的地址，然后决定如何传送的专用智能性的网络设备。路由器工作过程的主线是路由器逐站传递数据包，就像体育比赛的接力跑一样，需要队员间具有团队协作意识。让学生意识到IT领域的工作注重团队协作，IT项目的实施从项目经理到各个环节的工程师，都涉及团队协作的问题，如果没有很好的团队协作能力，即使成员都掌握了较高的技能，项目的实施也会受到严重的制约。这就要求学生要具备基本职业素养，凡事要讲规矩，项目实施要讲流程，为以后网络组建项目的实施打基础。

4. 双绞线制作

双绞线是一种综合布线工程中最常用的传输介质，双绞线的制作也是学生应该掌握的最基本的网络技能。在制作双绞线的实验中，学生需要经过剥线、理线、切线、连接、压线、测线等一系列的工序才能完成一根双绞线的制作，在此过程中很容易由于粗心失误等原因导致线缆制作失败，以此引导学生在学习、工作中需要凝神聚力，培养学生精益求精的工匠精神。

（五）模块五：运输层

1. 运输层功能

运输层是 OSI 参考模型的第四层，能够为相互通信的应用进程提供逻辑通信。通过问题“运输层在网络通信中肩负的责任是什么”引导学生讨论，引出在网络的前三层，即物理层、链路层和网络层都本着尽多尽快地传输数据，即尽最大努力的交付，前三层的交付都属于不可靠的交付，而运输层中的 TCP 肩负了可靠传输及拥塞控制的重要任务。以此引导学生在今后的工作中化繁为简，层次分明，团结合作，从而提高工作效率，以此培养学生的团队合作精神。

2. TCP 建立连接的“三次握手”

TCP 是面向连接的协议，发出的请求都需要对方进行确认。TCP 客户端与 TCP 服务器在通信之前需要完成三次握手才能建立连接。通过学习案例黑客攻击手段—SYN 攻击，了解 SYN 洪泛攻击的基础是依靠 TCP 建立连接时三次握手的设计。它利用 TCP 协议缺陷，通过发送大量的半连接请求，耗费 CPU 和内存资源，致使目标机无法响应正常请求，危害网络安全。从而教导学生要提高法治意识，不做危害网络安全的事情，要遵纪规则，做社会主义法治的忠实崇尚者、自觉遵守者、坚定捍卫者。

（六）模块六：应用层

1. 应用层的功能

应用层是学习网络协议的起点，学生最为熟悉的很多应用都在应用层。通过应用层学习，有助于认知协议有关的知识。各种网络应用层出不穷，如微信、QQ 等社交软件高度普及，移动支付领先全球，在互联网应用方面向世界展示了中国人的智慧与创新能力。通过应用层功能应用的学习，可以激发学生学习热情，并能及早动手开发网络应用程序。用 Python 编写基于套接字的网络应用程序，激发学生构思信息网络应用。激励学生在大学期间尽可能拓展知识面、融入科研团队，以求真务实、勇于创新的科学精神，实现人生价值。

2. 万维网

万维网是基于客户机/服务器方式的信息发送技术和超文本技术的综合。通过问题“万维网的形成带来了什么”引导学生进行小组讨论。万维网使得大家可以通过链接方便地获取丰富的网络资源，我国商务网站的典型代表是淘宝网，其创始人马云，将个人发展、企业发展与国家发展紧密联系在一起，让国人从网络和新技术中获益。我们全体师生也应永葆家国情怀，牢记国家、社会、家庭和个人是一个共同体，只有民族复兴、国家富强，才能带来人民的幸福。教育学生把自己的理想与国家相融，怀揣为国奉献的中国心，才能实现中华民族伟大复兴的中国梦。培养学生的民族精神和奉献社会的职业责任感。

3. DNS 体系

DNS 体系堪称互联网的“导航系统”，DNS 的安全是保障网络畅通的核心和基础，也是数据安全的底层基石。通过 2016 年《思科年度安全报告》显示，近 91.3% 的已知恶意软件被发现使用 DNS 作为主要手段，但 68% 的企业却忽略了这个问题，并没有对 DNS 解析进行监管，形成了 DNS 盲点。网络安全研究机构 SANS 研究所曾在全球信息安全产业 RSA 大会上展示过最危险的黑客行为包括 DNS 劫持，域前端以及通过受损云账户进行的针对性攻击。通过材料让学生了解 DNS 劫持，认识 DNS 的重要作用，一旦出现漏洞或遭受攻击，必然会对网络的正常访问和使用造成严重影响，给政府和企业带来巨大的损失。教育学生要具有网络主权意识，并加强网络安全意识，引导学生为将我国建设成为网络强国而努力奋斗。

4. DNS 域名系统

DNS 域名系统是互联网的一项服务。它作为将域名和 IP 地址相互映射的一个分布式数据库，能够使人们更方便地访问互联网。开展互联网服务需要根服务器进行全球范围的域名解析。然而全球现存的 13 台 IPv4 服务器中，受到美国直接控制的有 10 台。而国内尚未有自己的根服务器，只能通过镜像来完成域名解析，国家安全问题只能靠其他的附件技术实现。2016

年中国主导的“雪人计划”，打破了中国过去没有根服务器的背景。通过上述讲解，让学生认识到域名资源的重要意义，认识到核心技术是国之重器，是信息化发展的基石。让同学们意识到应该利用互联网带来的重大机遇，勇于创新，努力把我国建设成为网络强国。

（七）模块七：网络安全

1. 网络空间安全威胁及现状分析

网络安全的威胁包括窃听、重传、伪造、篡改、非授权访问、拒绝服务攻击、行为否认、旁路控制、电磁/射频截获、人为疏忽等对网络安全存在不利影响的行为。通过案例分析国家互联网应急中心 CNCERT 抽样监测结果和国家信息安全漏洞共享平台发布的数据，让学生了解我国网络遭受攻击近况，认识到网络安全的重要性。采用讨论的形式，围绕网络安全的重要性，让学生明白做任何事情，都要从国际国内大势出发，总体布局，统筹各方，勇于担当，努力把我国建成网络强国。

2. 网络安全概述

网络安全是指网络系统的硬件、软件及其系统中的数据受到保护，不因偶然的或者恶意的原因而遭受到破坏、更改、泄露，系统连续可靠正常地运行，网络服务不中断。通过案例介绍国内外重大的网络安全事件，探讨网络安全对个人及整个社会的影响，提醒学生在网络世界中既要有崇尚法治的网络安全意识，也要遵守法治，培养学生崇尚法治的意识和遵守法治的观念。

（八）模块八：互联网上音频/视频服务

1. 多媒体信息的表现形式

多媒体信息是指以文字、图像、影像、声音和动画等为表现形式的媒体信息，它改变了人们获取信息的传统方法，广泛应用于工业生产管理、学校教育、公共信息咨询、商业广告、军事指挥与训练，甚至家庭生活与娱乐等领域。通过观看国家形象宣传片《厉害了，我的国》，诠释着中国一步步的发展历程，启发学生感悟中国人民不屈不挠、英勇奋斗的精神，激发学生为社会主义现代化建设贡献自己的力量。

2. 互联网上的音视频服务

互联网音视频的出现，使信息传播和使用真正地摆脱了时间、空间以及容量上的限制，拉近了人与人之间的距离。通过分析案例《中国共产党与人民同行》系列节目——中国梦，让学生意识到只有国家富强、人民富足，“中国梦”才充满无限可能。由此引导学生了解中国梦归根到底是人民的梦，终将在一代代青年的接力中变为现实。作为当代大学生，应当奋发有为，努力使自己成为祖国建设的栋梁之材，培养学生的使命担当和科技报国的家国情怀。

（九）模块九：无线网络和移动网络

1. 无线网络

无线通信网络是指无须布线就能实现各种通信设备互联的网络。结合案例北斗全球导航系统，了解无线通信在我国的发展。从美国对我国导航系统的技术封锁与排挤，到我国凝聚了几代科技工作者心血、自主研发的北斗全球导航系统的成功，中国在卫星量子通信领域逆袭领跑世界，水到渠成地强调了“强国一定要有自己的导航系统”，继而升华到中华民族“遇强则强、不畏困难”的革命精神。聚焦当下5G之争，引导学生思考、意识到关键的核心技术一定要原创，“自主创新、自力更生”对企业、对国家的重要意义，激发学生的爱国情怀和民族自豪感，鼓励学生将中国梦、个人理想结合起来，让中华民族伟大复兴在青年人的奋斗中梦想成真。激发学生网络强国的使命担当，培养学生严谨求实的科学素养。

2. 无线传输技术

无线传输是指利用无线技术进行数据传输的一种方式。无线传输和有线传输是对应的。随着无线技术的日益发展，无线传输技术应用越来越被各行各业所接受。近年来，随着网络通信技术的发展，无线通信已完成了完美逆袭，处于世界领先地位，我国的互联网设备已经覆盖到了世界的各个角落。在技术和设备的研发中，关键的核心技术一定要原创，以此引导学生思考、意识到“自主创新、自力更生”对企业、对国家的重要意义，激发学生的创新热情和民族自豪感。

（十）模块十：下一代互联网

IP 地址为互联网上的每一个网络和每一台主机分配一个逻辑地址，以此来屏蔽物理地址的差异。通过观看视频“IP 地址全球紧缺，该怎么解决”，了解到 2019 年 11 月 27 日，荷兰阿姆斯特丹的 IP 地址管理机构正式宣布：2019 年 11 月 26 日，IPv4 地址正式宣告耗尽。IPv4 由于只有 32 位，日益匮乏的 IP 地址无法满足快速发展的互联网需求，在严峻的形势下科学家给出两种解决方案即 NAT（网络地址转换）技术和 IPv6 地址，有效解决了 IPv4 地址消耗殆尽问题。鼓励学生遇到困难时不要灰心，要积极思考解决办法，培养学生创造性的思维，以及勇于创新的科学精神和为建设网络强国而奋斗的责任担当。

四、课程思政实施路径

“计算机网络”课程思政实施路径如表 5－1 所示。

表 5－1　《计算机网络》课程思政实施路径

课程模块	课程内容	课程思政元素	教学素材	教学实施建议	支撑专业课程思政二级指标	考核评价
模块一：计算机网络概述	计算机网络在信息时代的作用	科学自信 民族自信心	案例：信息时代，正在快速改变世界	通过案例分析，感受计算机网络带给世界的改变，体会科技发展给生活工作带来的便利。以小论文的形式研究计算机网络在信息时代的作用。引导学生认识到计算机网络使我们的生活更智能，并意识到为把我国建设成网络强国而努力奋斗的重要性，增强学生的科学自信和民族自信心	1.3 文化自信 2.2 民族精神	课后作业（1）： 请结合计算机网络在信息时代的作用，撰写不少于800字的小论文，谈谈计算机网络的发展对社会发展的认识，考查学生对科学自信和民族自信的认同
	计算机网络的发展	科技强国的家国情怀 使命担当	材料：计算机网络在我国的发展历程	采用小组讨论的方法，引出计算机网络的发展历史。着重理解我国计算机网络建设起步晚，技术发展相对滞后的历史。随着大批信息科技工作者的努力和国家的大力投入，我国在计算机网络领域的贡献与发展也迅速崛起，在科技创新等方面追赶甚至超越发达国家，以此激发学生的科技强国的家国情怀和使命担当意识	1.1 党的领导 2.4 社会责任	小组讨论（1）： 围绕材料开展小组讨论，根据小组讨论进行评分，考查学生对计算机网络的重要性认识，在网络发展过程中，对科技强国的家国情怀和使命担当的认同
模块二：物理层	物理层下面的传输介质	勇于创新实践 精益求精	材料："光纤传输之父"高锟——开创人类通信新时代	采用小组讨论的方法，通过材料了解高锟发明"光导纤维"，引导学生在成才的道路上应勇于创新、敢于实践，为国家科技进步贡献自己的力量，培养学生创新实践的能力和精益求精的品质	2.1 人生价值 3.4 工匠精神	小组讨论（2）： 围绕传输介质组织学生小组讨论，根据小组讨论评分表进行评分。结合信号在信道中传输分析，培养学生的创新实践能力和精益求精的品质

续表

课程模块	课程内容	课程思政元素	教学素材	教学实施建议	支撑专业课程思政二级指标	考核评价
模块二：物理层	时分复用技术	爱国主义	案例：时分复用在卫星通信中的典型应用	通过案例分析，讲解时分复用在卫星通信中应用，中国发射了世界首颗量子卫星，在量子通信研究领域走在世界前列，引导学生感受在中国共产党的领导下我国卫星通信领域取得的成就，培养学生拥护中国共产党的领导、坚定中国特色社会主义的理想信念	1.1 党的领导	课后作业（2）： 以信道的复用技术为主题撰写报告式作业，分析信道复用的方法及应用。重点考查学生对信道复用重要性的认知，以及信道复用中所蕴含爱国爱党的情怀
模块三：数据链路层	网络协议	和谐、包容 规则意识	材料：阿里巴巴 Dubbo 开源分布式服务框架	通过材料分析，了解到阿里巴巴 Dubbo 网络服务框架的每部分都要遵守网络协议，才可以实现互连互通。协议体现了和谐、包容、尊重规则的理念，在社会生活中，只有遵守法律或约定俗成的社会规则，才能获得充分的自由及广阔的天地来发挥自己的个性，以此培养学生的规则意识和与人和谐相处的品质	3.3 心理素养 4.3 遵守规则	课堂测验（1）： 就网络协议、三要素、应用等知识点布置课堂测验，考查学生对协议、规程等技能的掌握，通过对协议的理解，考查学生对蕴含的规则意识和与人和谐相互的品质
	交换机	勇于创新的科学精神 科技强国	案例：华为交换机	采用案例分析方法，在讲述交换机时，引入华为民族品牌。思科一直是核心路由器、交换机市场的霸主。华为超越霸占网络设备市场的思科，占据核心市场的全球第一份额。说明我国自主创新能力显著增强，科学技术越来越成为推动经济发展的主要力量。培养学生勇于创新的科学精神与科技强国的信心	1.3 文化自信 2.3 时代追求	课后作业（3）： 针对案例中的华为交换机的发展，采用课后小组作业，形成交换机新发展报告，在“学习通”上提交，考查学生的创新精神和科技强国的信心

续表

课程模块	课程内容	课程思政元素	教学素材	教学实施建议	支撑专业课程思政二级指标	考核评价
模块四：网络层	网络规则	规则意识 追求卓越	材料：当当网 Dubbox 分布式网络服务框架	引导学生进行小组讨论，Dubbox 能提供高性能及远程服务调用网络方案，是因为各实体间遵守相应的规则。让学生体会到计算机网络中的主机以及中间的通信设备需要遵守相应的规则才能进行正常有序的通信。作为当代大学生，也应该有这样的规则意识和追求卓越的意识	2.1 人生价值 4.3 遵守规则	小组讨论（3）： 围绕材料组织学生小组讨论，个人撰写讨论报告，根据小组讨论评分表进行评分。结合网络规则，重点考查学生的规则意识和追求卓越的人生价值
	TCP/IP	不畏艰辛 规则意识	材料：TCP/IP 的发展史	采用小组讨论的方法。通过学习 TCP/IP 定义电子设备连入因特网及数据传输的标准，培养学生的规则意识。通过学习 TCP/IP 冲破阻碍的发展史，培养学生不畏艰辛的苦行僧精神	3.3 心理素养 4.3 遵守规则	小组讨论（4）： 围绕材料组织学生小组讨论，个人撰写讨论报告，根据小组讨论评分表进行评分。结合 TCP/IP，重点考查学生对规则意识和苦行僧精神的认识
	路由器的工作原理	规则意识 协作意识	案例：《路由器中数据包的转发》	通过案例，展示路由器中数据包的转发过程。路由器工作过程的主线是路由器逐站传递数据包，这就像体育比赛的接力跑一样，需要队员间具有团队协作意识。教育学生要具备基本职业素养，凡事要讲规矩，项目实施要讲流程，为以后组网项目的实施打基础	4.3 遵守规则 5.2 职业道德	课后作业（4）： 以路由器为主题撰写报告式作业，分析路由器在网络数据通信中的重要作用。重点考查学生对路由重要性的认知，以及路由器配置中所蕴含的规则和协作意识

续表

课程模块	课程内容	课程思政元素	教学素材	教学实施建议	支撑专业课程思政二级指标	考核评价
模块四：网络层	双绞线制作	精益求精	案例：《网线的线序排列及网线制作》	采用观看视频案例的方法，展示网线的线序排列规则和制作方法。在制作双绞线的实验过程中，很容易由于粗心失误等原因导致线缆制作失败，以此引导学生在学习、工作中需要凝神聚力，培养学生精益求精的工匠精神	3.4 工匠精神	实验成果（1）： 采用实验实践的方式，进行双绞线的制作，按照实验成果评价标准进行评分，重点考查学生精益求精的工匠精神
模块五：运输层	运输层功能	团队合作精神	问题：运输层在网络通信中肩负的责任是什么	通过问题引入运输层的功能，引出在网络的前三层，都尽多尽快地传输数据，前三层的交付都属于不可靠的交付，而运输层中的 TCP 肩负了可靠传输及拥塞控制的重要任务。以此引导学生在今后的工作中能化繁为简，层次分明，团结合作，就如层次结构一样，从而提高工作效率，培养学生的团队合作精神	5.2 职业道德	小组讨论（5）： 采用翻转课堂，学生以小组为单位，组长汇报学习成果，根据小组讨论评分表进行评分，重点考查学生对运输层功能的认识和对团队合作精神的理解
	TCP 建立连接的“三次握手”	法律意识 规则意识	案例：SYN 攻击	采用案例分析的方法，通过学习 TCP 建立连接的“三次握手”过程，引出 SYN 攻击及网络安全相关知识。教导学生要提高法治意识，不做危害网络安全的事情，要遵纪守法，做社会主义法治的忠实崇尚者、自觉遵守者、坚定捍卫者。教育学生在学习和工作中要具备法律意识和规则意识	4.3 遵守规则 4.4 依法从业	小组讨论（6）： 个人撰写讨论报告，根据小组讨论评分表进行评分。重点考查学生对 TCP 建立连接的“三次握手”的掌握程度，以及对案例中所蕴含的法律意识和规则意识的理解

续表

课程模块	课程内容	课程思政元素	教学素材	教学实施建议	支撑专业课程思政二级指标	考核评价
模块六：应用层	应用层的功能	勇于创新的科学精神	案例：网络应用实例—腾讯 QQ 等	通过案例学习，掌握应用层的功能。在学习的过程中，引入一些著名应用如腾讯 QQ、微信、淘宝、京东等，这些领先的应用都向世界展示出中国科研工作者的非凡创新能力。以此鼓励学生在大学期间尽可能拓展知识面、融入科研团队，以求真务实、勇于创新的科学精神实现人生价值	2.3 时代追求	课后作业（5）： 撰写报告式作业，分析应用层在整个体系结构中的重要作用。重点考查学生对应用层重要性的认知，网络应用中所蕴含的勇于创新的科学精神
	万维网	家国情怀 职业道德	问题：万维网的形成，带来了什么	采用问题引入的方法，体会万维网带给我们的丰富资源。通过感受我国商务网站的代表—淘宝网的创始人马云的家国情怀，引导学生也应永葆家国情怀，让学生意识到每个人把自己的理想与民族相融，怀揣为国奉献的中国心，才能实现中华民族伟大复兴的中国梦，培养学生的民族精神和奉献社会的职业责任感	2.2 民族精神 5.2 职业道德	小组讨论（7）： 以万维网为题，小组撰写讨论报告，根据小组讨论评分表进行评分，重点考查学生综合应用所学知识解决复杂问题的民族精神和职业责任的体现
	DNS 体系	安全意识	材料：精准针对 DNS“盲点”，守护网络安全第一关	通过材料分析，让学生认识最危险黑客之一 DNS 劫持，让学生认识到 DNS 的重要作用，一旦出现漏洞或遭受攻击，必然会对网络的正常访问和使用造成严重影响，给政府和企业带来巨大的损失。教育学生具有网络主权意识，并加强网络安全意识，引导学生为将我国建设成为网络强国而努力奋斗	2.4 社会责任	课堂测验（2）： 就 DNS 体系相关的知识点在学习通布置课堂测验题。重点考查学生对 DNS 体系的掌握程度，讨论考查学生的网络安全意识

续表

课程模块	课程内容	课程思政元素	教学素材	教学实施建议	支撑专业课程思政二级指标	考核评价
模块六：应用层	DNS 域名系统	使命担当	材料：DNS 域名系统	结合材料讲授 DNS 域名系统的知识，在2016年之前，国内没有自己的根域名服务器，只能通过镜像来完成域名解析。2016 年，中国主导的“雪人计划”，打破了中国过去没有根服务器的背景。让学生认识到域名资源的重要意义，认识到核心技术是国之重器。引导学生应该利用互联网带来的重大机遇，勇于创新，努力完成将我国建设成为网络强国的使命担当	1.3 文化自信 2.4 社会责任	小组讨论（8）： 组织学生小组讨论，个人撰写讨论报告，根据小组讨论评分表进行评分。重点考查学生对 DNS 域名系统的掌握程度，以及对材料中所蕴含的使命担当的理解
模块七：网络安全	网络空间安全威胁及现状分析	网络安全危机意识 勇于担当	案例：我国网络遭受攻击近况	采用案例分析的方法，讲授国家互联网应急中心 CNCERT 抽样监测结果和国家信息安全漏洞共享平台 CNVD 发布的数据，让学生了解我国网络遭受攻击近况，认识到网络安全的危机意识。围绕网络安全的重要性。让学生明白做任何事都要从国际国内大势出发，总体布局，统筹各方，勇于担当，努力把我国建成网络强国	1.4 国际视野 5.3 个人品德	课堂测验（3）： 在“学习通”布置课堂测验，重点考查学生网络空间安全威胁的认知程度，开放型测试题重点考查学生的网络安全危机意识和勇于担当的个人品质

续表

课程模块	课程内容	课程思政元素	教学素材	教学实施建议	支撑专业课程思政二级指标	考核评价
模块七：网络安全	网络安全概述	崇尚法治 遵纪守法意识	案例：助听器制造商 Demant 遭勒索软件入侵等网络安全事件	通过案例分析的方法，介绍国内外重大的网络安全事件，探讨网络安全对个人及整个社会的影响，提醒学生在网络世界中既要崇尚法治的网络安全意识，也要遵守法治。培养学生崇尚法治意识和遵守法治的观念	4.1 法治认同 4.2 法治思维	课后作业（6）： 撰写 800 字左右的小论文，分析网络安全在国家发展中的重要作用。重点考查学生对网络安全建设重要性的认知，考查网络安全案例中所蕴含的崇尚法治的意识和遵守法治的观念
模块八：互联网上音频/视频服务	多媒体信息的表现形式	民族自豪感	案例：国家形象宣传片《厉害了，我的国》	采用案例分析方法，通过观看国家形象宣传片《厉害了，我的国》，将中国发展前后几十年的状态进行对比，诠释着中国一步步艰辛的发展历程。启发学生感悟中国人民不屈不挠的奋斗精神，坚定为社会主义现代化建设贡献自己力量的信念	2.2 民族精神	课堂测验（4）： 就多媒体信息的特点在"学习通"布置课堂测验题。重点考查学生对多媒体信息的掌握程度，学生就测试题进行讨论，考查学生的民族自豪感
	互联网上的音视频服务	科技报国的家国情怀 使命担当	案例：《中国共产党与人民同行》系列节目—中国梦	通过分析案例《中国共产党与人民同行》系列节目——中国梦，只有中国国家富强、人民富足，"中国梦"充满无限可能。中国梦归根到底是人民的梦，在一代代青年的接力中变为现实。作为当代大学生，应当奋发有为，努力使自己成为祖国建设的栋梁之材，培养学生的使命担当和科技报国的家国情怀	2.2 民族精神 2.4 社会责任	课后作业（7）： 以互联网上音视频服务为题，撰写不少于 500 字的分析报告，分析互联网上音视频的特点及发展。重点考查学生对使命担当和家国情怀的认识

续表

课程模块	课程内容	课程思政元素	教学素材	教学实施建议	支撑专业课程思政二级指标	考核评价
模块九：无线网络和移动网络	无线网络	使命担当 严谨求实的科学素养	案例：北斗全球导航系统	采用案例分析的方式，学习无线通信在我国的发展。中国在卫星量子通信领域逆袭领跑世界，强调了“强国一定要有自己的导航系统”，继而升华到中华民族“遇强则强、不畏困难”的革命精神。继而聚焦当下5G之争，引导学生思考并意识到关键的核心技术一定要原创，以此激发学生网络强国的使命担当，培养学生严谨求实的科学素养	2.4 时代追求 3.2 科学素养	课堂测验（5）： 就无线网络在“学习通”布置课堂测验题。重点考查学生对无线网络的掌握程度，学生就测试题进行讨论，考查学生的网络强国的使命担当和严谨求实的科学素养
	无线传输技术	民族自豪感 勇于创新的科学精神	材料：无线传输技术的应用	采用分组讨论的方法，在讲授传输介质时，引入无线传输技术的应用现状。我国无线通信已处于世界领先地位。通过材料揭示出在技术和设备的研发中，关键的核心技术一定要原创，以此引导学生思考并意识到“自主创新、自力更生”对企业、对国家的重要意义，以此激发学生的创新热情、培养学生的民族自豪感	2.2 民族精神 3.2 科学素养	小组讨论（9）： 围绕材料：无线传输技术，组织学生小组讨论，根据小组讨论评分表进行评分。重点考查学生对材料中所蕴含的民族自豪感和创新精神的理解
模块十：下一代互联网	IP 地址耗尽的措施	责任担当 勇于创新的科学精神	案例：IP 地址全球紧缺，该怎么解决	通过案例分析，讲解 IP 地址有限问题。日益匮乏的 IP 地址无法满足快速发展的互联网发展需要，在严峻的形势下科学家给出两种解决方案。鼓励学生遇到困难时不要灰心，要积极思考解决措施，培养学生创造性的思维，以及勇于创新的科学精神和为建设网络强国而奋斗的责任担当	2.4 社会责任 3.2 科学素养	小组讨论（10）： 以 IP 地址耗尽的措施为题，小组撰写讨论报告，根据小组讨论评分表进行评分，重点考查学生综合应用所学知识解决复杂问题的责任担当和创新精神的体现

五、考核评价

根据“计算机网络”课程思政教学实施路径中考核评价栏目规定的考核方式，过程性评价与终结性评价相结合，采用多元化考核评价方式，注重学生思想动态变化。

（一）过程性评价

1. 评价形式

评价形式如表 5－2 所示。

表 5－2　　评价形式表

评价形式	小组讨论	实验成果	课堂测验	课后作业
数量	10	1	5	7
占比	50%	10%	20%	20%

2. 评价标准

小组讨论，组长汇报。组内学生自评占 20%，学生互评占 30%；全体学生评价组长汇报情况占 20%；教师评价组长汇报情况占 30%。组长汇报成绩作为小组成员成绩。小组讨论评价如表 5－3 所示。

表 5－3　　小组讨论评分表

项目	主题突出	思路清晰	价值正向	领悟深刻	备注
权重	0.4	0.2	0.2	0.2	

实验成果，本课程过程性评价中，实验成果 1 个。评分方式为：组内学生评价占 30%；全体学生评价占 30%；教师评价占 40%。实验成果评分如表 5－4 所示。

表5-4 **实验成果评分表**

项目	目的明确	方案合理	步骤完整	操作规范	成果正确	备注
权重	0.1	0.3	0.3	0.2	0.1	

课堂测验，本课程过程性评价中，课堂测验共5个，每份课堂作业满分100分，通过“学习通”记录学生成绩。课堂测验题包括专业知识测试题和开放型测试题，专业知识测试题中客观题由“学习通”自动评判，主观题和开放型试题由教师评价，考查学生的作答是否情感、思想健康，符合题意，是否有深刻、丰富的内涵，是否有创新，开放型试题旨在激发学生自我表达能力和想象力，培养创新型人才。

课后作业，本课程过程性评价中，课后作业共7个，课后作业根据学生完成情况由任课教师综合评定，采用百分制赋分，课后作业评分如表5-5所示。

表5-5 **课后作业评分表**

项目	作业完成	知识掌握	知识运用	价值领悟	备注
权重	0.4	0.3	0.2	0.1	

（二）终结性评价

本课程采取期末考试的终结性考核方式。考核内容既要考查学生专业知识掌握和综合应用情况。试题形式和内容突出基础性、综合性、应用性和创新性，通过设计开放性、探究性试题以及非标准答案的试题，在考查专业知识的基础上，引导学生多角度认识问题，鼓励学生主动思考、发散思维，考查和培养学生的探究意识和独立思考、价值认同。

第六章

“操作系统”课程思政教学设计

一、课程基本情况

“操作系统”课程是物联网工程专业的一门专业核心课程，本课程主要研究现代计算机操作系统的基本原理、基本设计方法及实现技术。本课程共48 学时，3 学分，其中理论 32 学时，实验 16 学时。

通过本课程的学习，使学生掌握通用计算机操作系统的基本功能，即处理机管理、存储器管理、设备管理和文件管理；熟悉通用计算机操作系统的组成部分、管理机制、实现策略及实现方法，培养学生分析、设计、实现和维护复杂软件系统的能力。使学生系统科学地受到分析问题和解决问题的训练，提高运用理论知识解决实际问题的能力，为从事物联网规划设计、系统架构设计以及智能硬件开发等工作奠定基础。

二、课程思政目标

本课程围绕物联网工程专业育人目标，结合课程特点，注重知识传授、能力培养与价值塑造的统一，在思政教育上要达到以下目标。

（1）结合操作系统的定义及发展过程、进程控制、线程实现等教学内容，挖掘政治认同思政元素，激发爱国情感，强化使命担当，引导学生将个人理想信念融入科技强国事业中，开阔学生的国际视野。

（2）结合操作系统的特征、进程状态转换、连续分配等教学内容，挖掘家国情怀思政元素，引导学生树立正确的人生观，增强民族自豪感，提升学生信息意识、培养具有社会责任感的工程师。

（3）结合进程控制、处理机调度、离散分配等教学内容，挖掘文化素养思政元素，锻炼学生创造性思维，养成科学道德和科学作风，培养学生的工匠精神、专注精神以及创新精神，提高学生的创新能力。

（4）结合进程同步、死锁、磁盘调度等教学内容，挖掘法治意识思政元素，培养学生对中国特色社会主义法治的认同感，尊重法治、尊奉法律，理解信息产业企业的道德准则和从业人员道德准则，严格遵守规则。

（5）结合进程通信、线程实现、I/O 软件等教学内容，挖掘道德修养思政元素，不断增强学生的社会公德意识，提升学生社会责任感，培养学生注重个人品德修养，磨砺个体品行，激发学生科技报国的家国情怀和使命担当。

三、课程内容与思政元素

（一）模块一：导学

1. 操作系统的定义及发展过程

操作系统作为一款系统软件，是配置在计算机硬件上的第一层软件，20 世纪 50 年代中期，出现了第一个简单的批处理系统；20 世纪 60 年代中期，开发出了多道批处理系统，又推出了分时系统、实时系统；20 世纪 70 ~ 90 年代，出现了微机 OS、多处理机 OS、网络 OS 和分布式 OS，OS 得到了极为迅速的发展。结合 2018 ~ 2019 年操作系统行业研究报告①，向学生介绍国外操作系统的行业现状和发展历程，开阔学生视野，同时使学生认识到操作系统的重要性。介绍国内操作系统的现状时以华为鸿蒙操作系统为切入点，让学生意识到使用自主研发操作系统的主人翁感，学生自然地产生强烈的民族自豪感，学习华为敢为人先的创新精神，培养学生的家国情怀，增强学生为国家建设做贡献的意识和愿望，同时激励学生结合中国梦勇于实现自己的梦想。

① 资料来源：《兴业证券计算机行业研究报告》。

2. 操作系统的特征

异步是操作系统四个基本特征（并发，共享，虚拟，异步）之一，是指在多道程序环境下，允许多个程序并发执行，但由于资源有限，进程的执行不是一贯到底，而是走走停停，以不可预知的速度向前推进，人的一生亦是如此，告诫学生成功的道路不会一帆风顺，总要磕磕绊绊，但只要坚持，最终能够到达胜利的彼岸，从而帮助其形成正确的人生观和价值观。

（二）模块二：处理机管理

1. 进程状态转换

进程是系统进行资源分配和调度的基本单位，其状态反映着进程执行过程的变化。通过健康码绿码、黄码、红码之间的变化过程，为疫情防控提供准确的流调信息，最大程度地保护个人健康，向学生说明进程的状态变化不是随机的，而是随着进程的执行和外界条件的变化而转换，激发学生运用专业知识解决实际问题的创新意识，培养学生严谨求实的科学素养。

2. 进程控制

进程控制的主要任务就是系统使用一些具有特定功能的程序端来创建、撤销进程以及完成进程各状态之间的转换，从而达到多进程、高效率、并发的执行和协调，实现资源共享的目的。通过分析智慧交通信号控制系统案例，利用人工智能对道路运行态势进行判断，优化交通信号区域协调控制方案，更好地共享道路资源，使学生掌握进程控制是使用一些具有特定功能的程序端来创建、撤销进程以及完成进程各状态之间的转换，达到多进程、高效率、并发的执行和协调，实现资源共享的目的，让学生认同信息行业管理和技术创新的理念，坚定科技强国的信心，培养科技创新精神。

3. 进程同步

在多道程序环境下，进程是并发执行的，不同进程之间存在着不同的相互制约关系。结合李建中教授事迹，他的并行数据库获得国家科技进步二等奖，蓝光并行机为国家纳税几千万元①，讲解并行的特征和重要性，使学生

① 金虎：《课程思政的探索与实践——以“操作系统”课程为例》，载于《黑龙江教育：理论与实践》2020 年第 1 期。

掌握进程是并发执行的，不同进程之间存在着不同的相互制约关系，从而引导学生要向李建中教授学习，为社会做贡献，培养学生的社会责任感。

信号量机制是根据路口信号灯红灯停绿灯行的原理被提出，是一种可以实现进程互斥、同步的有效方法，用户可以通过 PV 原语对进程的信号量进行操作，使学生掌握信号量机制的运行机理，教育学生要遵守法规、规范，培养学生遵守规则的意识。

4. 进程通信

进程通信根据交换信息量的多少和效率的高低，分为低级通信（只能传递状态和整数值，如信号量）和高级通信（提高信号通信的效率，传递大量数据，减轻程序编制的复杂度）。其中，高级进程通信分为四类：共享存储器系统、管道通信系统、消息传递系统、客户机——服务器系统。以高德打车 App 中客户、司机、服务器之间的交互为例说明消息传递系统是如何通过发送原语、接收原语工作的，从而教育学生要方便用户、为人民服务。

5. 线程实现

在引入线程的操作系统中，通常将进程作为分配资源的基本单位，而将线程作为独立运行和独立调度的基本单位，由于线程比进程更小，基本上不拥有系统资源，故对它的调度所付出的开销就会小得多，能更高效地提高系统内多个程序间并发执行的程度。给学生讲解中国铁路 12306 火车订票系统服务能够支撑全国各地的火车票预定、售卖和抢票服务，是使用多线程编程来实现的，保证票务的安全和有序同步进行，让学生掌握线程作为独立运行和独立调度的基本单位，比进程更小，基本上不拥有系统资源，故对线程的调度开销就会小得多，这样才能更高效地提高系统内多个线程间并发程度，教育学生使用科技的力量解决现实问题，坚定科技强国的信心，另外，引导学生遵守不使用多线程违规开发软件的职业道德。

6. 处理机调度

通过分析火车调度实际，火车进站、出站时刻是综合各种因素确定时刻，其本质与处理机调度相同，依据不同规则分为先来先服务、短作业优先、优先级、轮转调度、多级反馈队列等调度算法来决定进程的执行顺序，火车列次非常多，不能出一点差错，处理机调度亦是如此，否则会发生死锁，引导学生利用所学知识解决火车调度问题，从而培养学生一丝不苟的工匠精神以及解决负责问题的能力。

7. 死锁

处理死锁的方法可归结为预防死锁、避免死锁、检测死锁、解除死锁四种，对死锁的防范程度逐渐减弱，但资源利用率和并发程度逐渐加强。阅读材料：防患未然——基于人工智能的电话反欺诈，告知学生反欺诈最好的方式是预防，同样处理死锁最好的方式也是预防死锁，增强学生法律意识，培养学生的法治思维。

讲授银行家算法，使学生掌握银行家算法核心思想在资源分配之前先判断这次分配是否会导致系统进入不安全状态，从而决定是否答应资源分配请求，引入学者改进的银行家算法，分析其相对于常规的优势，让学生体会学者们对于算法改进所做出的努力，引导学生认识到技术不能止步，要不断发展，培养学生的创新精神。

（三）模块三：存储管理

1. 连续分配

最早出现的连续分配是单一连续分配，为了更好地利用内存，学者们才先后研究出了固定分区分配、动态分区分配、动态可重定位分区分配，从而告知学生技术要不断创新，要有研究精神。通过阅读材料《警惕 Windows 10 系统安全问题，坚持走自主创新发展国产操作系统之路》，说明国产操作系统才是安全可控国产信息技术体系的核心，基于开源 Linux 系统，依靠各方力量创新发展安全可靠、自主可控的国产操作系统，从而引导学生增强民族意识。

2. 离散分配

离散分配允许将一个进程分散地装入到许多不相邻接的分区中。通过电影院选座的案例，将电影院全体座位模拟内存，顾客选座的过程模拟内存分配，讲解三种离散分配管理方式，达到充分地利用内存空间的目的，培养学生解决实际问题的能力。

3. 请求分页

常见的页面置换算法有：最佳置换算法（OPT）、先进先出（FIFO）置换算法、最近最久未使用（LRU）置换算法以及 Clock 置换算法。讲解完先进先出（FIFO）置换算法后，进行题目练习，从而发现 Belady 异常现象。通过小组讨论的方法，带领学生一起分析 Belady 异常现象出现的原因，引导学生在发现问题时要追本溯源，要有科学探索精神，找到问题的原因后对症下药，找到解决问题的方法，实现技术上的创新和突破。除了常见算法外，还有一些页面置换算法的改进算法，通过对改进算法的介绍，增强学生的创新意识。

4. 请求分段

教师让学生在百度学术网站，搜索并阅读其他学者的内存分配算法素材，然后小组讨论各自搜索到的结果，阐明从连续分配到请求分段，一直在不断探索、创新内存分配方案，启发学生的创新思维。

（四）模块四：设备管理

1. I/O 设备与控制器

为了达到用户输入输出的目的，CPU 需要对 I/O 设备进行干预，结合北斗卫星导航系统不断缩短反应时间，提升通信效率的材料，引出为了不断地减少 CPU 对 I/O 的干预，提高数据传输效率，系统中加上设备控制器、通道，从而让学生坚定科技强国的信心，增强民族自豪感。

2. I/O 软件

I/O 软件是计算机系统中用来完成所有与 I/O 操作相关功能的一组软件，结合分析万能驱动的万能性含义，用户在更换硬件的时候，不必去担心需要另外的驱动程序，引出 I/O 软件的设备独立性，它可以访问任意 I/O 设备而无须事先指定设备，这样能够方便程序员编程，由此让学生体会做软件时要达到方便用户的目的。

3. 缓冲区管理

在现代操作系统中，几乎所有的 I/O 设备在与处理机交换数据时都用了缓冲区。通过分析银行叫号系统的运行方式，根据现有各窗口业务状况，如果有某个窗口空闲，则立即指派任务，如果有客户在前面等待则让最新的号码加入排队队列，另外当客户为残疾人，则系统优先叫号，客户需要根据这个规则等待服务，由此引出缓冲区的重要作用是为了降低设备与 CPU 之间的速度不匹配，提高两者之间的并行性，让学生掌握四种类型的缓冲区工作方式，引导学生在公共场合遵守规范，使学生体会人文关怀。

4. 磁盘调度

常见的磁盘调度算法有以下四种：先来先服务算法，最短寻道时间优先算法，扫描算法，循环扫描算法。通过介绍电梯服务规则是最先服务的是当前移动方向上距离最近的客户，客户必须要根据这个规则等待电梯服务，引出磁盘调度算法中的扫描算法是依据磁头的移动方向确定下一个被访问的磁道，以此教育学生在日常生活中要遵守规范。

（五）模块五：文件管理

1. 文件与文件系统

通过介绍中国超级计算机一览表中各列和各行所表示的含义不同，讲解操作系统中文件的数据项与记录关系，说明列就是数据项、记录就是行，行的集合则成为文件。通过对比“超算计算机名”“性能功耗比”“世界排名”等各数据项，使学生了解中国超算是在不断发展的，在国际上也是屈指可数，增强学生的民族自豪感。

文件系统是操作系统用于明确存储设备（常见的是磁盘，也有基于NAND Flash 的固态硬盘）或分区上的文件的方法和数据结构；即在存储设备上组织文件的方法。对比微软和 Unix 两个操作系统中的文件系统，让学生掌握文件物理结构是在存储设备上组织文件的方法以及物理结构对文件系统的影响，理解两个操作系统的物理结构的不同之处，Unix 用发展的思维处理问题，设计的文件系统直到现在都不过时，而 Windows 的文件系统已经升级无数次了，启发学生在未来的智能互联网时代，技术发展迅速，无论做什么事情都要具有持续发展观，提高学生的工程伦理意识。

2. 文件共享与保护

文件共享是指多个用户共享同一份文件，系统只保存文件的一个副本。我们采用共享的方式使用社会资源，如共享单车，极大地方便了人们的出行，系统中多个用户也可以共享同一份文件，基于索引节点的共享方式、利用符号链接（symbolic linking）实现文件共享，在当前构建社会主义和谐社会和建设社会主义核心价值体系的过程中，共建共享就是社会主义的核心价值观，引导学生认同社会主义核心价值观。

保护信息系统安全的方式有存取控制机制、容错机制、后备系统等。在诸多方式中，国家也专门制定了保护计算机信息系统安全的行政法规《中华人民共和国计算机信息系统安全保护条例》，以此引导学生要遵纪守法，增强学生依法从业意识。

四、课程思政实施路径

“操作系统”课程思政实施路径如表6－1所示。

表 6－1　“操作系统”课程思政实施路径

课程模块	课程内容	课程思政元素	教学素材	教学实施建议	支撑专业课程思政二级指标	考核评价
模块一：导学	操作系统的定义及发展过程	开阔视野；民族自豪感	材料：2018～2019 年操作系统行业研究报告 材料：华为鸿蒙操作系统	通过材料阅读的方法，开课前介绍操作系统行业，开阔学生视野。 在讲授操作系统的发展历程时，引入材料，增强学生的民族自豪感，培养学生家国情怀	1.4 国际视野 2.2 民族精神	课后作业（1）： 请结合中国操作系统的发展进程，撰写不少于 500 字的感想，谈谈中华民族的创新精神和自己的理想追求，题目自拟，重点考查学生家国情怀
	操作系统的特征	正确的人生观	材料：“殊途同归”人生哲理	通过材料阅读的方法，在讲授“异步”特征时，引入材料，引导学生做事情要坚持，形成正确的人生观	2.1 人生价值	小组讨论（1）： 围绕材料开展小组讨论，组长汇报，重点考查学生对操作系统特征的重要性认识，对于人生价值的认识
模块二：处理机管理	进程状态转换	创新意识；严谨求实	案例：健康码——绿码、黄码、红码的转换	通过案例分析和小组讨论的方法，引入案例，让学生深入理解进程状态转换图，激发学生的创新意识，培养学生严谨求实的科学素养	2.3 时代追求 3.2 科学素养	小组讨论（2）： 围绕案例组织学生小组讨论并汇报。重点考查学生对进程状态转化的认识，考查学生的科学素养

续表

课程模块	课程内容	课程思政元素	教学素材	教学实施建议	支撑专业课程思政二级指标	考核评价
模块二：处理机管理	进程控制	坚定科技强国信心； 科技创新精神	案例：智慧交通信号控制系统	通过小组讨论的方法，为加深学生对进程控制的理解，讨论案例中如何实现交通信号的控制，从而让学生认同信息行业管理和技术创新的理念，坚定科技强国的信心，培养科技创新精神	1.2 理想信念 3.2 科学素养	课堂测验（1）： 以进程控制原语为题，展开课堂测验。专业知识测试题重点考查学生对进程控制原语的认知程度，设置开放式测试题，考查学生对案例所蕴含的科技创新精神的理解
	进程同步	为社会做贡献； 遵守法规、规范	材料：李建中教授的蓝光并行机 案例：路口的交通信号灯	通过讲故事的方法，在讲授进程并发执行时，引入李建中教授蓝光并行机为国家纳税几千万元的材料，从而引导学生要为社会做贡献，培养学生的社会责任感。 通过实际生活案例，引入交通信号灯的规则，“红灯停绿灯行”互斥共享路口，引导学生遵守规范	2.4 社会责任 4.3 遵守规则	课堂测验（2）： 就进程同步中的信号量机制等知识点布置课堂测验，重点考查学生对进程同步遵守的原则及信号量解决同步问题等知识点的掌握程度，就路口的交通信号灯为例布置开放型题目考查学生对案例中所蕴含的规则意识的理解
	进程通信	为民服务	案例：高德打车App	通过小组讨论的方法，让学生讨论用户在使用高德打车 App 下单后，客户、司机、服务器之间的交互，说明进程通信，从而让学生增强方便用户、为人民服务的意识	5.1 社会公德	课后作业（2）： 以高德打车为例撰写报告式作业，分析高德打车中客户、司机、服务器之间的交互。重点考查学生对进程通信重要性的认知，考查学生为人民服务的意识

续表

课程模块	课程内容	课程思政元素	教学素材	教学实施建议	支撑专业课程思政二级指标	考核评价
模块二：处理机管理	线程实现	坚定科技强国信心； 遵守职业规范	材料：多线程实现中国铁路12306售票	通过材料阅读的方法，让学生了解多线程实现火车票售票服务，从而使学生坚定科技强国的信心，引导学生遵守不使用多线程违规开发软件的职业道德	1.2 理想信念 5.2 职业道德	作品设计（1）： 围绕案例组织设计多线程编程方案，绘制软件实现的算法的流程图，根据作品设计评分表进行评分。重点考查学生对多线程实现同步与互斥的掌握程度，以及学生的职业道德
	处理机调度	解决问题的能力； 一丝不苟	案例：火车调度	通过小组讨论和案例分析的方法，实现现实生活中火车的调度问题，加强学生解决问题的能力，培养学生一丝不苟的工匠精神	3.2 科学素养 3.4 工匠精神	作品设计（2）： 采用某种调度算法完成模拟火车的调度，根据作品设计评分表进行评分。重点考查学生对处理机调度进程的掌握程度，以及学生解决问题的能力
	死锁	法律意识； 科技创新	材料：防患未然——基于人工智能的电话反欺诈 材料：银行家算法的改进	通过讲故事的方法，告知学生解决死锁最好的方法是预防死锁，同时在分析材料的同时增强学生的法律意识。 通过探究式的方法，在实现银行家算法后，引入改进算法，让学社体会创新精神	4.2 法治思维 3.2 科学素养	课堂测验（3）： 就进程运行过程中产生的死锁问题等知识点布置课堂测验，重点考查学生对产生死锁的原因和必要条件、银行家算法等的掌握度，以银行家算法的优化为例布置开放型题目考查学生对创新精神的理解

续表

课程模块	课程内容	课程思政元素	教学素材	教学实施建议	支撑专业课程思政二级指标	考核评价
模块三：存储管理	连续分配	民族意识； 创新精神	材料：警惕 Windows 10 系统安全问题，坚持走自主创新发展国产操作系统之路	通过材料阅读的方法，在讲授几种连续分配存储管理方式后，引入材料，得出“国产操作系统才是安全可控国产信息技术体系核心”的关键点，从而增强学生民族意识和创新精神	2. 2 民族精神 3. 4 工匠精神	课后作业（3）： 针对材料中的“Windows 10 系统安全问题”发展国产操作系统的前沿技术，采用课后小组作业，形成华为鸿蒙操作系统的新技术报告，考查学生的民族意识
	离散分配	解决问题的能力	案例：电影院选座	通过案例分和小组讨论的方法，让学生使用离散分配存储管理方式解决电影院选座问题，从而提高学生解决问题的能力	3. 2 科学素养	课堂测验（4）： 结合电影院选座案例，在学习通布置课堂测验，专业知识测试题重点考查学生对内存管理中离散分配技术的掌握程度，开放型测试题重点考查学生解决问题的能力
	请求分页	科学态度； 创新意识	材料：Belady 异常 材料：页面置换算法的改进	通过小组讨论的方法，和学生一起分析 Belady 异常现象出现的原因，引导学生对待问题要有科学的态度。 通过探究式的方法，在实现几种常用的页面置换算法后，引入改进算法，引导学生增强创新意识	3. 2 科学素养 2. 3 时代追求	作品设计（3）： 针对页面置换算法课程内容，布置作品设计，结合编程语言，模拟页面置换的执行流程。重点考查学生对页面置换算法要点的掌握程度，以及学生对科学的态度

续表

课程模块	课程内容	课程思政元素	教学素材	教学实施建议	支撑专业课程思政二级指标	考核评价
模块三：存储管理	请求分段	大胆创新	材料：内存分配算法探究	通过检索材料和探究式的方法，让学生搜索其他学者研究的内存分配算法，启迪学生要大胆创新	3.4 工匠精神	课堂测验（5）： 围绕材料发布测验题，专业知识测试题重点考查学生对请求分段知识的掌握程度，开放型测试题重点考查学生的创新能力
模块四：设备管理	I/O 设备与控制器	坚定科技强国信心； 民族自豪感	材料：北斗卫星导航系统	通过材料阅读的方法，在讲解不断减少 CPU 对 I/O 的干预知识点时，引入材料，让学生坚定科技强国的信心，同时增强民族自豪感	1.2 理想信念 2.2 民族精神	小组讨论（3）： 围绕北斗卫星导航系统学生展开小组讨论并汇报，根据小组讨论评分表进行评分。重点考查学生的民族精神
	I/O 软件	方便用户	案例：万能驱动	通过案例分析的方法，分析万能驱动的使用，深入理解 I/O 软件设备独立性含义，使学生体会方便用户的重要性	5.1 社会公德	作品设计（4）： 结合万能驱动设计思路，学生根据要求设计多种不同型号的打印机的驱动软件，重点考查学生对设备中所蕴含的软件的思想的掌握程度和方便用户的理解

续表

课程模块	课程内容	课程思政元素	教学素材	教学实施建议	支撑专业课程思政二级指标	考核评价
模块四：设备管理	缓冲区管理	人文关怀；遵守规范	案例：银行叫号服务系统	通过案例分析的方法，让学生理解缓冲区的作用，引导学生遵守规范；同时通过分析叫号时的顺序，体会人文关怀	3.1 人文素养 4.3 遵守规则	课堂测验（6）： 围绕案例发布测验题，专业知识测试题重点考查学生对缓冲区管理的掌握程度，开放型测试题重点考查学生对银行叫号系统案例中所蕴含的人文关怀的理解
	磁盘调度	遵守规范	案例：电梯的运行	通过案例分析的方法，形象解释扫描算法，通过明确人们上下电梯的原则，强化学生遵守规范的意识	4.3 遵守规则	小组讨论（4）： 采用翻转课堂，学生以小组为单位汇报学习成果并汇报，根据小组讨论评分表进行评分，重点考查学生对磁盘调度算法的掌握程度和遵守规范的意识
模块五：文件管理	文件与文件系统	民族自豪感；持续发展观	案例：中国超算一览表 材料：微软和Unix两个操作系统中文件物理结构的对比	通过案例分析的方法，在讲授数据项、记录和文件的概念时，引入案例，说明三者之间的关系，增强学生民族自豪感通过材料阅读的方法，在学习文件系统后，引入材料，总结出发展思维的重要性，从而启发学生做事情要有持续发展观	2.2 民族精神 5.4 工程伦理	小组讨论（5）： 采用翻转课堂，学生以小组为单位，组长汇报学习成果，根据小组讨论评分表进行评分，重点考查学生对文件与文件系统的知识的掌握程度，以及学生的持续发展观

续表

课程模块	课程内容	课程思政元素	教学素材	教学实施建议	支撑专业课程思政二级指标	考核评价
模块五：文件管理	文件共享与保护	认同社会主义核心价值观；遵纪守法	案例：共享资源如共享单车等 材料：《中华人民共和国计算机信息系统安全保护条例》	通过小组讨论的方法，在教授文件共享时，引入案例，说明和谐共享的社会主义核心价值观，引导学生认同社会主义核心价值观 通过小组讨论如何保护信息系统安全的方法，在讲授文件保护知识点时，引入材料，从而引导学生遵纪守法，增强学生依法从业意识	5.3 个人品德 4.4 依法从业	课堂测验（7）： 就文件共享与保护知识点在学习通布置课堂测验题。重点考查学生对文件的共享与保护的掌握程度，开放性题目重点考查学生的依法从业意识

五、考核评价

根据“操作系统”课程思政教学实施路径中考核评价栏目规定的考核方式，过程性评价与终结性评价相结合，采用多元化考核评价方式，注重学生思想动态变化。

（一）过程性评价

1. 评价形式

评价形式如表 6－2 所示。

表 6－2　　评价形式表

评价形式	小组讨论	作品设计	课后作业	课堂测验
数量	5	4	3	7
占比	25%	20%	20%	35%

2. 评价标准

小组讨论，小组代表汇报。组内学生自评占 20%，学生互评占 30%；全体学生评价小组代表汇报情况占 20%；教师评价小组代表汇报情况占 30%。小组代表汇报成绩作为小组成员成绩。小组讨论评分如表 6－3 所示。

表 6－3　　小组讨论评分表

项目	主题突出	思路清晰	价值正向	领悟深刻	备注
权重	0.4	0.1	0.3	0.2	

作品设计。本课程过程性评价中，作品设计共 4 个，每件作品满分 100 分。评分方式为：组内学生评价占 30%；全体学生评价占 30%；教师评价占 40%。作品设计评分如表 6－4 所示，适用于所有作品设计。

表 6－4　作品设计评分表

项目	理念新颖	元素丰富	作品完整	价值正向	备注
权重	0.2	0.3	0.3	0.2	

课后作业。本课程过程性评价中，课后作业共 3 个，课后作业根据学生完成情况由任课教师综合评定，采用百分制赋分。课后作业评分如表 6－5 所示。

表 6－5　课后作业评分表

项目	作业完成	知识掌握	知识运用	价值领悟	备注
权重	0.3	0.3	0.2	0.2	

课堂测验。本课程过程性评价中，课堂测验共 7 个，每份课堂测验满分 100 分，通过“学习通”记录学生成绩。课堂测验题包括专业知识测试题和开放型测试题，专业知识测试题中客观题由“学习通”自动评判，主观题和开放型试题由教师评价，考查学生的作答是否价值正向，符合题意，是否有深刻的价值领悟。课堂测验评分如表 6－6 所示，适用于主观题和开放型试题。

表 6－6　课堂测验评分表

项目	测验完成	知识掌握	知识运用	价值领悟	备注
权重	0.2	0.2	0.3	0.3	

（二）终结性评价

本课程采取闭卷笔试的终结性考核方式。考核内容既要考查学生专业知识掌握和综合应用情况，又要考查学生技术创新的使命感、多角度全方位思考问题的意识以及职业责任感。

第七章

“物联网无线通信技术”课程思政教学设计

一、课程基本情况

“物联网无线通信技术”课程是物联网工程专业的一门专业核心课程，是研究无线网络基本理论，短距离无线通信基本理论与应用的基础应用性课程，共64学时，4学分，其中理论32学时，实验32学时。

通过课程的学习，使学生了解短距离无线通信技术开发工具和方法，熟悉ZigBee、BLE、WiFi等常用无线技术的特点及应用，掌握无线通信单元和无线通信系统的测试方法，培养学生解决复杂工程问题的能力。促使学生能够熟练阅读无线通信模块的技术文档，承担无线数据通信网络的工程项目开发、无线通信系统安装测试与维护等工作。

二、课程思政目标

本课程围绕物联网工程专业育人目标，结合课程特点，注重知识传授、能力培养与价值塑造的统一，在思政教育上要达到以下目标。

（1）结合物联网通信技术的发展、ZigBee无线网络开发环境等课程内容，挖掘党的领导、理想信念、国际视野、社会责任等元素，培养学生拥护中国共产党的领导以及科技强国的理想信念。

（2）结合无线传感器网络、BLE无线网络开发环境等课程内容，挖掘社会责任、科学素养、民族精神、时代追求等元素，培养学生勇于探索的时代追求以及构建节能、环保的物联网系统的社会责任。

（3）结合 ZigBee 节点的数据采集、WiFi 智能饮水机系统设计等课程内容，挖掘科学素养、心理素养、个人品德等元素，培养学生分析问题、解决问题的能力，培养勇于探索、敢于担当的优良品质。

（4）结合 ZigBee 协议栈、BLE 智能门磁设备等课程内容，挖掘人文素养、遵守规则、法治思维等元素，培养学生从事物联网系统搭建时的安全意识，树立遵守行业规则的规则意识。

（5）结合 ZigBee 控制节点、ZigBee 农业预警系统设计等课程内容，挖掘职业道德、工程伦理等元素，培养学生顽强拼搏、不畏艰辛、甘于奉献的个人品质，增强学生维护安全的工程责任意识。

三、课程内容与思政元素

（一）模块一：物联网通信技术概述

1. 物联网通信技术的发展

物联网是新一代信息技术的重要组成部分，顾名思义，物联网就是物物相连的互联网。物联网是利用局部网络或互联网等通信技术把传感器、控制器、机器、人员和物等通过新的方式联在一起，形成人与物、物与物相连，实现信息化、远程管理控制和智能化的网络。而通信技术是处于物联网产业中的核心环节，具有不可替代性，起到承上启下的作用，向上可以对接传感器等产品，向下可以对接终端产品及行业应用。近几年由于移动通信技术、短距离无线通信技术、无线传感网络技术的发展，我国物联网技术在智慧农业、智慧家居、智能交通等领域得到突飞猛进的发展，其中 5G 技术的行业引领更是让世界瞩目。引导学生感受中国物联网通信技术的发展速度和成就，了解国家科技发展的战略趋势，增强大局意识，坚定中国从科技大国迈进科技强国的信心，将个人理想信念融入科技强国的事业中。

2. 无线传感器网络

无线传感器网络是一种分布式传感网络，它的末梢是可以感知和检查外部世界的传感器。WSN 中的传感器通过无线方式通信，因此网络设置灵活，设备位置可以随时更改，还可以跟互联网进行有线或无线方式的连接。通过无线通信方式形成的一个多跳自组织网络，灵活的组网方式培养学生灵活变通的思维，富于变化，勇于创新。无线传感网的节点可以实现低功耗，适合应用在大规模的场景中，树立学生的责任意识，致力于设计绿色节能的物联网系统。

（二）模块二：ZigBee 智慧农业系统设计

1. ZigBee 网络结构

ZigBee 网络结构分为 4 层，分别是物理层、MAC 层、网络/安全层和应用/支持层。ZigBee 协议栈的核心部分在网络层，网络层主要实现节点加入或离开网络、接收或抛弃其他节点、路由查找及传送数据等功能，支持 Cluster – Tree 等多种路由算法，支持星行、树形、网络拓扑结构。ZigBee 的三种网络节点协调器节点、路由器节点、终端节点各司其职、相互配合实现数据的传递。引导学生树立善于协作的团队意识，在物联网系统设计的过程中能够各司其职、相互合作，发挥团队的力量，完成系统的设计与开发。

2. ZigBee 无线网络开发环境

CC2530 是德州仪器 Ti 公司用于 2.4GHz IEEE 802.15.4、ZigBee 和 RF4CE 应用的一个真正的片上系统（SoC）解决方案，是作为 ZigBee 无线传感网学习的最佳平台。分析理解芯片对于科技发展的重要性，树立技术“卡脖子”的危机意识，强化科技强国的使命感。了解其发展优势，培养学生与时俱进的国际视野，提升科技强国的创新意识。

3. ZigBee 协议栈

ZigBee 的 ZStack 协议栈是一个用于实现 ZigBee 网络功能的完整系统。为了实现 ZigBee 网络协议的组建与任务调度，ZStack 协议栈也有自己的操作系统。ZStack 协议栈根据 IEEE802.15.4 和 ZigBee 规范按功能分层设计，每层都提供层函数数据接口，在学习 ZigBee 协议的过程中，熟悉 ZStack 协议栈工作原理与执行原理，引导学生树立遵守社会规则的意识，在物联网时代遵守相关法律法规、专业设计规范及标准，引导学生与其他协议进行比较，在比较的过程中培养求同存异的人文素养，掌握不同的处世原则。

4. ZigBee 节点的数据采集

在智慧农业系统中有一种节点应用场景，那就是 ZigBee 节点将数据采集后发送到远程控制设备，远程控制设备会根据获取的数据属性对其他一些节点进行操作从而实现对智慧农业场景内的环境信息的调整，因此数据采集与上报是农业物联网系统中的重要环节。了解数据采集上报的细节信息和工作原理，可以让农业物联网中的采集节点更好地为系统服务。在数据采集的过程中，培养学生科学严谨的态度，数据采集是系统的底层基础，保障数据的真实有效是上层应用的根本，培养学生认真求实的科学素养。

5. ZigBee 控制节点

智慧大棚系统中最重要的功能之一就是能够实现对农业大棚内的环境信息进行实时调节，而执行环境信息调节的节点就是控制节点。控制节点下都安装有受控设备，智慧大棚系统在工作过程中会通过向控制节点发送信息，节点接收到信息后执行相关操作，最后反馈控制结果。及时的反馈能够保障系统的正常通信，培养学生在未来的工作中能够做到及时反馈，保障工作的顺利进行。弘扬务实的工作作风和职业精神，及时反馈、积极进取。

6. ZigBee 农业预警系统设计

农业物联网智能大棚是一套智能的，多功能的植物生长环境保障系统，该系统能够根据大棚内外的环境变化实时调节大棚内部的植物生长环境，需要为智能大棚系统提供一套安全保障措施，如消防安全、安防安全以及大棚内部的环境调节超出了其能力极限时的报警等。在设计与分析农业预警系统的过程中，培养学生防患于未然的安全意识，正确认识物联网系统的风险、安全与责任，增强学生维护安全的工程责任意识。

（三）模块三：BLE 创意产品系统设计

1. BLE 概述

BLE 称为低功耗蓝牙，是蓝牙技术联盟设计和销售的一种个人局域网技术，旨在用于医疗保健、运动健身、信标、安防、家庭娱乐等领域的新兴应用。相较经典蓝牙，低功耗蓝牙旨在保持同等通信范围的同时显著降低功耗和成本。蓝牙技术联盟的低功耗技术瞄准多个市场，特别是智能家庭、健康、运动健身部分。结合其低功耗的特点培养学生的低碳环保意识，培养学生进行创新性应用设计，致力于低功耗、环保、可共享等物联网应用产品的研发。

2. BLE 无线网络典型应用

基于 BLE 技术的创意产品通常作为高附加值和定制化产品，其质量要求比量产的产品制作更加精细，质量更高。如运动手环、智能腕表、智能水杯、智能浇花系统、智能台灯等。总结不同创意产品的设计理念、设计原则以及艺术表现形式。培养学生善于应用知识创造价值的文化素养。

3. BLE 无线网络开发环境

CC2540 是一个超低消耗功率的真正系统单晶片，将微控制器、主机端及应用程序整合在一个元件上。CC2540 结合一个优异的无线射频传送接收器及一个工业标准的加强型 8051 微控制器，它包括连接类比及数位感应器的周边，内建可程式的快闪记忆体，精确的无线射频讯号强度指示。近年来国内低功耗 BLE 蓝牙芯片实现进口替代，如富瑞坤、上海巨微、奉加微、联睿微、桃芯科技结合中国企业的需求，开发本土化程度更高的低功耗蓝牙芯片。感受我国 BLE 技术进步的同时，提升学生的民族自豪感。结合国内芯片的发展现状，培养学生勇于创新的时代精神和使命担当。

4. 智能门磁设备

智能门磁，可以随时了解门窗开关状态，保护室内财产安全。相比智能门锁，智能门磁因为位置隐蔽不用担心被破解。智能门磁设备，可贴在门、窗、抽屉等位置，实时监测其开关门状态并同步到用户的智能手机上。当门窗异常打开时，用户可接到电话报警。无须 SIM 卡，免电话费，随贴随用，超长待机。智能门磁可以使用在家居安防系统中，在知识应用中培养学生的安全责任意识，引导学生树立法治观念，维护家居环境的和谐安全。

（四）模块四：WiFi 智能家居系统设计

1. WiFi 无线网络特点

WiFi 是一个创建于 IEEE 802.11 标准的无线局域网技术，其应用领域涉及网络媒体、掌上设备、日常休闲等众多领域。多个用户可以与路由器或通过热点技术连接，无须任何配置，方便快捷。正由于其方便快捷，大学生大量的时间浪费在玩手机上。为学生树立时间观念，引导学生合理安排时间，有效利用 WiFi 的优缺点，形成正确的人生观、价值观。

2. WiFi 热点

手机 WiFi 热点是将手机接收的 GPRS、3G 或 4G 信号转化为 WiFi 信号发出去的技术，让手机、平板或笔记本等随身携带设备可以通过无线网卡或 WlAN 模块，能够在户外或者没有网络的地方也能上网，实现网络资源共享。陈大年是最早在中国引入“共享软件”概念的人，并且推出 WiFi 万能钥匙。结合资源共享的理念培养学生开放、共享的思维模式。引导学生学习陈大年勇于创新、追求卓越的品质，争当创新创业的奋力开拓者。

3. WiFi 安全风险

WiFi 网络虽然方便快捷，但是具有一定的风险。许多商家为招揽客户，会提供 WiFi 接入服务，客人发现 WiFi 热点，一般会找服务员索要连接密码。黑客就提供一个名字与商家类似的免费 WiFi 接入点，吸引网民接入。一旦连接到黑客设定的 WiFi 热点，上网的所有数据包，都会经过黑客设备转发，这些信息都可以被截留下来分析，一些没有加密的通信就可以直接被查看。以此来警戒学生要有安全意识，引导学生在法律和法规规定的范畴内，按确定的相关标准和规则开展工作，不做违法乱纪之事，不恶意盗取他人信息。

4. WiFi 智能饮水机系统设计

智能饮水机系统是为了避免能源浪费，以及“千滚水”等问题设计的智能系统，它结合了传感器、WiFi 通信模块、触摸屏、物联网平台构成的一款支持多种控制方式、远程监控和自动调节功能的饮水机系统。当需要喝热水时，可以遥控控制饮水机开始烧水。发布课前任务，指导学生对济南市高校饮用水供应方式进行调研，让学生了解饮水机供应系统的发展情况，在调研过程中可能会遇到很多困难，引导学生树立积极乐观的人生态度，培养不怕困难、坚韧不拔、艰苦奋斗的个人品德，以便应对复杂的工程实践问题。

（五）模块五：物联网云平台应用开发

1. 物联网智云平台

物联网平台提供安全可靠的设备连接通信能力，支持设备数据采集上云，规则引擎流转数据和云端数据下发设备端。百度智能云、智云 ZXBee 等发展迅速，从企业文化、企业精神、企业发展等多个维度进行剖析，树立技术发展的自豪感和科技创新的自信心，结合智云平台的创新成果，带领学生分析物联网发展背后的推动力量，提升爱国主义情怀，激发学生的学习热情。

2. 智云物联应用开发

物联网系统的开发需要了解物联网智云平台的框架，虚拟仿真技术、硬件模型以及智云物联项目的发布流程。从硬件 HAL 层的开发框架、智云框架应用程序接口，到接收 Android 应用程序接口与 Web 开发应用程序接口等都是物联网开发的关键环节。学习系统开发流程，指导学生进行应用开发，培养学生的团队协作意识，一个人走得很快，一群人走得更远。引导学生勇于创新、敢于创造，为设计出更具特色、更实用的物联网系统而努力。

四、课程思政实施路径

“物联网无线通信技术”课程思政实施路径如表 7 –1 所示。

表 7－1　“物联网无线通信技术”课程思政实施路径

课程模块	课程内容	课程思政元素	教学素材	教学实施建议	支撑专业课程思政二级指标	考核评价
模块一：物联网通信技术概述	物联网通信技术的发展	拥护党的领导 科技自信	案例：5G 通信的发展	通过小组讨论，结合 5G 技术的发展及其行业引领的影响，引导学生了解物联网通信技术的发展现状，感受我国物联网通信技术的发展速度与成就。通过这些知识的学习，坚定中国从科技大国迈进科技强国的信心，坚决拥护党的领导，激发学生将自身理想与物联网工程事业发展结合起来，坚定从事物联网工程行业的信念	1. 1 党的领导 1. 2 理想信念	小组讨论（1）： 按照小组讨论评价方式，根据课上讨论表现及成果展示进行评价，重点考查学生对物联网通信技术现状与未来趋势的把握，及科技强国理想信念的建立
	无线传感器网络	变通思维 生态意识	案例：基于无线传感器网络的森林火灾监测系统	通过小组讨论，结合无线传感器网络知识，探讨无线传感网络的特点。根据其设置灵活、不受位置限制的优点，引导学生建立灵活变通的思维方式。无线传感网功耗低适合应用在恶劣环境下，可以实现长时间的监测，节能低碳，以此培养学生构建节能环保物联网应用系统的社会责任感	3. 2 科学素养 2. 4 社会责任	小组讨论（2）： 按照小组讨论评价方式，根据课上讨论表现及成果展示进行评价，重点考查学生对无线传感网特点的掌握及构建低碳环保物联网系统的责任感

续表

课程模块	课程内容	课程思政元素	教学素材	教学实施建议	支撑专业课程思政二级指标	考核评价
模块二：ZigBee 智慧农业系统设计	ZigBee 网络结构	协作意识	案例：网状拓扑结构在智慧农业系统中的应用	通过案例教学，让学生掌握 ZigBee 网络结构，ZigBee 的三种网络节点协调器节点、路由器节点、终端节点各司其职、相互配合实现数据的传递。引导学生体验节点与节点之间的协调工作，培养学生善于合作的团队精神，实现职业道德的培养	5.2 职业道德	课后作业（1）： 按照课后作业评价方式，根据课后作业情况进行评价，重点考查学生对 ZigBee 网络架构知识的掌握及善于合作的团队意识的培养
	ZigBee 无线网络开发环境	国际眼光 科技强国的使命感	案例：CC2530 片上系统	以任务驱动的方式，调研德州仪器 Ti 公司“关于 CC2530 片上系统”的相关资料，了解其发展优势，培养学生国际视野，提升科技强国的创新意识。分析理解芯片对于科技发展的重要性，树立技术“卡脖子”的危机意识，强化科技强国的使命感	1.4 国际视野 2.4 社会责任	小组讨论（3）： 按照小组讨论评价方式，根据课上小组讨论的表现及成果展示进行评价，重点考查 ZigBee 无线网络工具的掌握，以及科技强国的使命感和与时俱进的国际视野
	ZigBee 协议栈	规则意识 求同存异	问题：ZigBee 协议与 IEEE 802.15.4 协议的联系与区别	在学习 ZigBee 协议的过程中，提出问题探究其与 IEEE 802.15.4 协议的联系与区别，在比较的过程中培养学生课程融合、求同存异的意识。熟悉 ZStack 协议栈工作原理与执行原理，引导学生树立崇尚法治的意识，树立遵守社会规则的意识，并能够在物联网工程实践中自觉履行责任	4.3 遵守规则 3.1 人文素养	课后作业（2）： 按照课后作业评价方式，根据课后作业情况进行评价，重点考查学生对 ZigBee 协议栈程序的掌握，在系统设计过程遵守行业标准，具备遵守规则的法治意识

续表

课程模块	课程内容	课程思政元素	教学素材	教学实施建议	支撑专业课程思政二级指标	考核评价
模块二：ZigBee 智慧农业系统设计	ZigBee 节点的数据采集	科学严谨	案例：ZigBee 农业光照系统的环境信息采集	运用案例教学的方法，以数据采集的实际应用为切入点，对 ZigBee 农业光照系统的环境信息采集部分进行设计，在数据采集的过程中让学生理解数据是系统后续过程的基础，数据的真实有效是学生需要重视的问题，培养学生严谨求实的科学态度	3.2 科学素养	作品设计（1）： 按照作品设计评价方式，根据学生作品设计情况进行评价，重点考查学生对 ZigBee 节点数据采集的应用，培养学生严谨求实的科学素养
	ZigBee 控制节点	务实的工作作风	案例：ZigBee 农业遮阳系统的控制设计	运用案例教学的方法，以 ZigBee 控制节点的实际应用为切入点，对 ZigBee 农业遮阳系统控制单元进行设计，在控制过程中发现信息的反馈是保障系统正常通信的关键，让学生明确反馈在工作过程中的重要作用，弘扬务实的工作作风和职业精神，及时反馈、积极进取	5.2 职业道德	作品设计（2）： 按照作品设计评价方式，根据学生作品设计情况进行评价，重点考查学生对 ZigBee 控制节点的应用以及学生及时反馈、积极进取的工作态度
	ZigBee 农业预警系统设计	防患于未然的安全意识	案例：农业病虫害预警监测系统	运用案例教学的方法，结合农业病虫害预警监测系统，进行 ZigBee 农业预警知识的讲授，该部分知识主要应用于系统预警，培养学生防患于未然的安全意识，能够在物联网系统设计的过程中充分考虑隐藏风险，提升安全责任意识	5.4 工程伦理	小组讨论（4）： 按照小组讨论评价方式，根据学生小组讨论的表现及成果展示进行评价，重点考查学生对 ZigBee 预警系统知识的掌握以及防患于未然的工程责任意识

续表

课程模块	课程内容	课程思政元素	教学素材	教学实施建议	支撑专业课程思政二级指标	考核评价
模块三：BLE 创意产品系统设计	BLE 概述	生态意识	案例：华为智能手环	通过图片展示、视频观看的手段，让学生在感受 BLE 应用场景的同时，思考其技术特点。BLE 称为低功耗蓝牙，通常应用于穿戴设备中。结合其低功耗的特点培养学生的低碳环保意识，并且能够在未来的物联网系统设计过程中实现低功耗、环保、可共享	2. 4 社会责任	作品设计（3）： 按照作品设计评价方式，根据学生作品设计情况进行评价，重点考查学生对基于 BLE 的创意产品的创新性设计
	BLE 无线网络典型应用	与智能产品结合的文化修养	案例：智能台灯、智能水杯	引导学生搜集 BLE 无线网络典型应用场景，结合搜集到的智能台灯、智能水杯等，让学生理解创意产品的高附加值，分析总结不同品牌创意产品的设计理念、设计原则以及艺术表现形式。基于此培养学生善于应用知识创造价值的文化素养	3. 1 人文素养	课后作业（3）： 按照课后作业评价方式，根据学生课后作业情况进行评价，重点考查学生对 BLE 无线网络创意产品理念的理解以及其蕴含的艺术文化素养
	BLE 无线网络开发环境	民族自豪感 勇于创新的时代精神	材料：上海巨微公司推出低功耗蓝牙数传芯片	在讲授 BLE 无线网络开发环境时，介绍 CC2540 片上系统，引入国内低功耗 BLE 蓝牙芯片实现进口替代的现状，结合上海巨微公司推出低功耗蓝牙数传芯片，讲授我国 BLE 技术的发展，增强学生的民族自豪感，培养学生勇于创新、不断探究的时代精神	2. 2 民族精神 2. 3 时代追求	课后作业（4）： 按照课后作业评价方式，根据学生课后作业情况进行评价，重点考查学生对 BLE 无线网络开发环境的了解及民族自豪感的提升

续表

课程模块	课程内容	课程思政元素	教学素材	教学实施建议	支撑专业课程思政二级指标	考核评价
模块三：BLE 创意产品系统设计	智能门磁设备	安全责任意识	案例：智能家居安防系统	BLE 智能门磁设备通常应用在家居安防系统中，在讲授知识的同时，引入家庭安防的理念，搜集威胁家庭安全的相关隐患，在学习知识的同时培养学生的安全责任意识，引导学生树立法治观念，维护家居环境的和谐、安全	4.2 法治思维	知识问答（1）： 组织知识问答比赛，以小组为单位进行家庭安全知识竞赛，重点考查学生对威胁家庭安全因素的了解程度以及安全责任意识的理解程度
模块四：WiFi 智能家居系统设计	WiFi 无线网络特点	正确的人生观、价值观	材料：WiFi 的应用场景	无线网络技术等的不断发展，手机等电子产品的使用门槛越来越低，网络连接无须任何配置，方便快捷。在讲解知识的同时引导学生珍惜时间，合理利用时间，不要将大量的时间浪费在玩手机上。为学生树立正确的时间观念，有效利用 WiFi 的优缺点，形成正确的人生观、价值观	2.1 人生价值	小组讨论（5）： 按照小组讨论评价方式，根据学生课上小组讨论的表现及成果展示进行评价，重点考查学生对 WiFi 无线网络特点的掌握程度及时间观念的培养
	WiFi 热点	开放共享的素养 追求卓越	材料：陈大年推出共享软件——WiFi 万能钥匙	WiFi 热点因其网络资源共享得到网民的喜爱，在我国，陈大年最早引入“共享软件”的概念，并且推出 WiFi 万能钥匙，开启随时随地的网络共享。结合案例，培养学生开放、共享的思维模式。引导学生感悟陈大年勇于创新、追求卓越的品质，在物联网工程行业中争当创新创业的开拓者	3.2 科学素养 3.4 工匠精神	课后作业（5）： 按照课后作业评价方式，根据学生课后作业情况进行评价，重点考查学生对 WiFi 热点知识的掌握程度和培养其开放、共享思维模式

续表

课程模块	课程内容	课程思政元素	教学素材	教学实施建议	支撑专业课程思政二级指标	考核评价
模块四：WiFi 智能家居系统设计	WiFi 安全风险	依规办事 诚实守信	案例：钓鱼陷阱	WiFi 虽然方便，但是也存在风险，以小组讨论的形式，探讨 WiFi 存在的安全风险。结合钓鱼陷阱的案例，介绍黑客违法窃取用户数据的行为，从而增强学生的安全责任意识，能够遵守物联网工程行业的法律法规，并在实际系统设计中认真履行	4.4 依法从业 5.2 职业道德	小组讨论（6）： 按照小组讨论评价方式，根据学生课上小组讨论的表现及成果展示进行评价，重点考查学生对 WiFi 安全风险的理解以及学生安全责任意识的提升
	WiFi 智能饮水机系统设计	积极乐观 坚忍不拔	材料：济南市高校学生饮用水供应方式的调研	发布课前任务，指导学生对济南市高校进行饮用水供应方式进行调研，让学生了解饮水机供应系统的发展情况。调研的过程可能会比较辛苦，培养学生不怕困难、坚忍不拔、艰苦奋斗的个人品德，引导学生形成积极乐观的心理素养，以便应对复杂的工程实践问题	3.3 心理素养 5.3 个人品德	课后作业（6）： 按照课后作业评价方式，根据学生课后作业情况进行评价，重点考查学生在调研过程中形成的艰苦奋斗的品质和积极乐观的态度
模块五：物联网云平台应用开发	物联网智云平台	科技自信 爱国主义	材料：中智讯（武汉）科技有限公司物联网云服务平台	由中智讯（武汉）科技有限公司研发的物联网智云平台，是一个开放的公共物联网接入平台，使物联网传感器数据的接入、存储和展现变得轻松简单。从企业文化、企业精神、企业发展等多个维度进行剖析，以小组任务的形式进行展示，增强学生科技强国的自信心，激发学生的民族自豪感	1.3 文化自信 2.2 民族精神	小组讨论（7）： 按照小组讨论评价方式，根据课上小组讨论的表现及成果展示进行评价，重点考查学生对中国物联网技术发展的认识与对行业发展的自信心

续表

课程模块	课程内容	课程思政元素	教学素材	教学实施建议	支撑专业课程思政二级指标	考核评价
模块五：物联网云平台应用开发	智云物联应用开发	创新意识 协作意识	案例：智能仓储系统设计	在学习智云物联应用开发的过程中，引入智能仓储系统的设计，引导学生学习系统开发流程。系统的开发需要团队成员共同的努力，培养学生的团队协作意识。在系统设计的过程中，引导学生增强创新意识，致力于物联网工程行业的创新性建设	2.3 时代追求 5.2 职业道德	小组讨论（8）： 按照小组讨论评价方式，根据学生课上小组讨论的表现及成果展示进行评价，重点考查学生对系统设计的善于协作和开拓创新能力

五、考核评价

根据“物联网无线通信技术”课程思政教学实施路径中考核评价栏目规定的考核方式，过程性评价与终结性评价相结合，采用多元化考核评价方式，注重学生思想动态变化。

（一）过程性评价

1. 评价形式

评价形式如表 7 –2 所示。

表 7 –2　　评价形式表

评价形式	小组讨论	作品设计	课后作业	知识问答
数量	8	3	6	1
占比	40%	25%	30%	5%

2. 评价标准

小组讨论，小组代表汇报。组内学生自评占 10%，学生互评占 30%，全体学生评价小组代表汇报情况占 20%，教师评价小组代表汇报情况占 40%。小组代表汇报成绩作为小组成员成绩，小组讨论评价如表 7 –3 所示。

表 7 –3　　小组讨论评价表

项目	主题突出	思路清晰	价值正向	领悟深刻	备注
权重	0. 3	0. 2	0. 2	0. 3	

作品设计，本课程过程性评价中，作品设计共 2 个，每件作品满分 100 分。评分方式为：组内学生评价占 20%；全体学生评价占 30%；教师评价占 50%。作品设计评分如表 7 –4 所示，适用于所有作品设计。

表 7-4　　作品设计评分表

项目	理念新颖	元素丰富	作品完整	价值正向	备注
权重	0.3	0.2	0.2	0.3	

课后作业，本课程过程性评价中，课后作业共 10 个，课后作业根据学生完成情况由任课教师综合评定，采用百分制赋分，课堂测验评分如表 7-5 所示。

表 7-5　　课堂测验评分表

项目	作业完成	知识掌握	知识运用	价值领悟	备注
权重	0.3	0.2	0.2	0.3	

知识问答，本课程过程性评价中，知识问答共 1 个，满分 100 分，通过“超星学习通”记录学生成绩。知识问答题包括专业知识测试题和开放型测试题，专业知识测试题中客观题由“超星学习通”自动评判，主观题和开放型试题由教师评价，考查学生的作答是否具有情感、思想健康，符合题意，是否有深刻、丰富的内涵，是否有创新，开放型试题旨在激发学生自我表达能力和想象力，培养创新型人才。

（二）终结性评价

本课程采取系统设计的终结性考核方式。考核内容既要考查学生专业知识掌握和综合应用情况，又要考查学生通过项目调研、项目论证、项目设计、项目实施等过程，形成的抽象逻辑思维，具备严谨的科学态度和创新求实的科学精神。

第八章

“单片机与传感器”课程思政教学设计

一、课程基本情况

“单片机与传感器”是物联网工程专业的一门专业核心课程，是研究单片机接口技术及各类常用传感器驱动开发的综合性课程。共 48 学时，3 学分，其中理论 24 学时，实验 24 学时。

通过本课程的学习，使学生熟悉单片机与传感器的基本结构和工作原理，掌握单片机硬件开发、各类常用传感器的驱动开发与控制程序设计方法，具备利用单片机与各类传感器进行应用系统综合设计与开发的基本技能，能够运用单片机与传感器理论知识，分析和解决实际工程问题，为从事单片机软硬件开发、传感器驱动开发等工作奠定基础。

二、课程思政目标

本课程围绕物联网工程专业育人目标，结合课程特点，注重知识传授、能力培养与价值塑造的统一，在思政教育上要达到以下目标。

（1）结合微处理器及其发展、温湿度传感器应用开发等教学内容，引导学生拥护党的领导，树立文化自信和行业自豪感，激发学生科技报国和建设信息强国的理想信念。

（2）结合 CC2530 外部中断配置及应用、传感器技术发展趋势与物联网应用等教学内容，激发学生树立远大理想，学以致用，进行科技创新，为国家建设贡献力量，实现人生价值。

（3）结合 LED 显示接口技术应用、传感器基本概念及应用等教学内容，通过大国工匠典型事迹引导学生锤炼品格，树立在工程实践中严谨求实的科学态度、积极进取的心理素养、精益求精的工匠精神。

（4）结合单片机接口应用开发等教学内容，分析设计过程中应遵守的设计规范，让学生在掌握单片机理论知识与技能的同时，了解相关行业法规，促使学生学法、守法、依法从业，形成运用法律知识分析、处理问题的思维方式。

（5）结合 CC2530 电源管理、CC2530 定时/计数器等教学内容，培养学生提升个人修养，养成爱岗敬业、诚实守信的良好职业道德，引导学生在项目开发时围绕严谨、高效、协作、节能等原则，培养学生良好的工程素养。

三、课程内容与思政元素

（一）模块一：单片机系统与开发环境

1. 微处理器及其发展

微处理器即中央处理单元，由运算器、控制器及寄存器组成。微处理器能完成取指令、执行指令，以及与外界存储器和逻辑部件交换信息等操作。微处理器的发展从英特尔公司最早的 4 位 CPU 到现在高性能、小体积的各类处理芯片的不断涌现，我国芯片设计技术也取得了非凡成就。分析我国芯片发展从面对国际垄断到实现弯道超车历程，使学生了解目前微处理器的发展现状及发展方向，掌握微处理器的主要结构。帮助学生树立科技自信心，产生专业认同，激发学生学好专业知识，树立科技报国的理想信念。

2. 单片机硬件结构及应用领域

单片机的基本硬件结构包括 CPU、存储器、I/O 接口及相关寄存器。单片机应用领域广泛，主要包括以下几个方面，工业方面：各种测控系统、数据采集系统、工业机器人、机电一体化产品等。智能仪器仪表方面：如齿轮精度检验仪类的各种工业检验、测量仪器、医疗器械等。民用方面：全自动洗衣机、智能电饭锅、电话机、录像机、空调机和电子玩具等。导弹与控制方面：导弹控制、鱼雷制导控制、智能武器装备、航天飞机导航系统等。列举往届学生参加单片机创新设计学科竞赛作品及毕业设计作品，引导学生认识课程在学科竞赛、考研、毕业设计乃至工作中的重要作用。激发学生勇于创新、敢于创造，利用所学服务社会，实现人生价值。

3. 单片机项目开发流程

以单片机为核心，配上输入输出外围接口电路和控制程序，能实现一种或多种功能的实用系统，即单片机应用系统。讲解 LED 闪烁灯的设计，向学生展示单片机项目开发过程与步骤，主要包括硬件电路设计、虚拟仿真电路绘制，控制程序编写、软硬件联合仿真调试、实物制作等。在硬件电路设计时，引导学生要以高效、节能、安全为原则，程序设计时要一丝不苟，严谨认真，融入电子设计工程师职业素质教育，培养学生社会责任感，打造一流产品质量。

（二）模块二：单片机硬件结构及应用

1. CC2530 单片机控制程序设计

编写程序就是把我们想要单片机做的事情，按照一定框架结构和时间顺序描述出来。单片机控制程序主要通过 C 语言实现，C 语言由函数构成。函数包括标准函数和自定义函数，每个函数就是一个功能相对独立的模块。C 语言还提供了多种结构化的控制语句，如顺序、条件、循环结构语句，满足程序设计结构化的要求。在编写程序时一定要认真仔细，极微小的错误甚至一个标点符号都可能导致程序调试失败。向学生强调工作要一丝不苟，细节决定成败，培养学生严谨求实的科学态度、精益求精的工匠精神，鼓励学生努力成为国之工匠。

2. CC2530 单片机中断系统

单片机中断系统的工作过程包括中断请求，中断允许、中断响应、中断返回，当有多个中断同时向单片机发出中断申请时，单片机中断系统的控制规则是先通过设置中断优先级寄存器，将中断分为低优先级和高优先级，当优先级相同时依据自然优先级顺序来进行工作。中断系统需要遵循一定规则才能正常工作，引导学生也要树立规则意识，生活中遵守自觉遵守社会规则，工程设计中遵守设计规范，培养良好的工程素养。

3. CC2530 外部中断配置及应用

外部中断通过采集引脚的高低电平来判断是否进中断，可以分为上升沿中断，下降沿中断，双边中断。利用单片机外部中断实现实时故障监控，无故障发生时，系统正常工作，且绿色指示灯亮；当多个故障源有任一故障发生时，通过单片机的外部中断向单片机发出中断申请，指示出哪个故障源发生故障并进行报警。从硬件电路的设计到控制程序的编写，再到虚拟仿真实现，通过解决设计过程中中断触发方式选择、中断寄存器设置等实际问题，引导学生学以致用，利用所学进行科技创新，服务社会实现人生价值。

4. CC2530 定时/计数器

CC2530 定时/计数器是一种能够对时钟信号或外部输入信号进行计数，当计数值达到设定要求时便向 CPU 提出处理请求，从而实现定时或计数功能的外设。使用时根据定时时间或计数次数计算初始值并对寄存器进行设置，计数器全 1 时，再输入 1 个脉冲就回零，并发生溢出（TCON 中 TF0 或 TF1 置 1），进行中断请求。学会分析定时误差原因及误差可能产生的后果，引导学生要守时守信。智能交通灯控制系统就是用单片机的定时/计数器来实现不同方向不同通行时间的设置，分析交通灯变化状态，强调规则意识，引导学生遵守交通法规，养成文明行为习惯。

（三）模块三：单片机接口技术及应用

1. A/D 转换应用设计

ADC 是指将连续变化的模拟信号转换为离散的数字信号的器件。CC2530 的 ADC 支持多达 14 位的模拟数字转换，具有多达 8 个各自可配置的通道。实际工程中我们采集到的信号大部分为模拟信号，但是数字信号在进行处理和传输时，相对于模拟信号具有可靠性强、保密性好、容易实现等优点，因此需要先进行 A/D 转换，再利用数字信号处理技术进行分析处理。引导学生遇到复杂问题时，要学会转换思维，全方位、多角度、科学分析问题，提升科学素养。

2. CC2530 电源管理

电源管理是指如何将电源有效分配给系统的不同组件。电源管理对于依赖电池电源的移动式设备至关重要。通过降低组件闲置时的能耗，优秀的电源管理系统能够将电池寿命延长两倍或三倍。智能手环普遍采用了电源管理技术，通过电源管理实现低功耗设计，这种电源管理的低功耗设计的省电方式除了芯片本身的硬件低功耗设计外如：整体的硬件功耗低，还有程序方面的功耗设计如不需要工作时休眠，低负荷工作时降低功耗等。引导学生在进行实际项目设计时要注意环保，具有节能意识。

3. 串口通信

串口通信是指数据一位一位地顺序传送，其特点是通信线路简单，只要一对传输线就可以实现双向通信，从而大大降低了成本。串口通信时，通信双方必须具有相同的通信协议，相同的电气规范，计算机的串行通信接口是RS-232的标准接口，CC2530单片机的UART接口则是TTL电平，两者的电气规范不一致，所以要完成两者之间的数据通信，就需要借助接口芯片在两者之间进行电平转换。通信收发双方必须遵守通信协议，才能有效进行信息传输，引导学生做人做事也要遵守规则，进行项目开发要遵循工程规范。

4. LED显示接口技术应用

LED动态显示是一种按位轮流点亮各位数码管的显示方式。即在某一时段，只让其中一位数码管“位选端”有效，并送出相应的字型显示编码。即各数码管分别间断地显示出相应的字符，但是只要间隔时间设置小于人眼的惰性，就可以实现稳定显示。与静态显示相比，动态显示占用端口资源少，节约了硬件资源，动态显示的关键是利用人眼的视觉残留时间，引导学生运用科学原理分析问题、采用科学方法解决实际问题。培养学生在项目实践遇到困难时，要多角度分析，积极思考，保持良好心态。

5. 单片机与键盘接口技术

键盘（按键）是单片机系统常用的输入设备。操作人员可以通过键盘输入数据或命令，实现简单的人机交互。单片机控制系统中，当只需要几个功能键时，可采用独立式按键结构。若使用按键较多时，通常采用矩阵式（也称行列式）键盘。矩阵式键盘由行线和列线组成，按键位于行、列线的交叉点上，这种矩阵式排列方式可以节约单片机端口资源和驱动芯片。进行按键设计时要根据实际需求合理设置按键连接方式，既要满足需求，又不能浪费资源，引导学生在工程设计中要具体问题具体分析，设计电路注重科学性和环保性，培养学生的环保和节能意识。

（四）模块四：传感器驱动开发

1. 传感器基本概念及应用

人们为了从外界获得信息，必须借助于感觉器官。传感器是人类“五官”的延伸，是信息采集系统的首要部件。传感器的应用领域非常广泛：自动控制、汽车电子、机器人、航空航天、家用电器、遥感测量、环境保护、医用设备等。在这些应用领域中，传感器的功能是为应用提供数据依据，因此数据的精准度至关重要。在传感检测过程中，每一个操作环节必须严格按照技术标准流程，测量结果要符合各项技术标准，培养学生精益求精、一丝不苟的新时代工匠精神。

2. 传感器技术发展趋势与物联网应用

万物互联，传感先行。新时代发展对传感器的发展提出了许多新的要求，未来传感器的发展趋势是采用新材料、新技术开发新型传感器、传感器的微型化与微功耗、传感器的集成化与多功能化、传感器的智能化、传感器的数字化、传感器的网络化等。展示传感器在智慧城市、人工智能等高科技领域的应用，让学生了解专业领域内的前沿科技，开阔视野，激发学习兴趣，增强学生为实现智造强国、实现中国梦努力奋斗的信心。

3. 光敏传感器特性及应用

光敏传感器能够对光线强度做出反应，它能感应光线的明暗变化，输出微弱的电信号，通过简单电子线路放大处理，可以控制 LED 灯依据外界光线强度调整亮度，可用于台灯、路灯等控制系统中，达到节能目的。在完成智能路灯控制系统设计时，要考虑光敏传感器受外界温度影响比较大，温度上升时，暗电阻会增大。因此，在高热辐射下光敏传感器要做降温处理，培养学生在设计时具备节能环保、绿色安全意识。

4. MP－4 可燃气体传感器应用开发

气体传感器是一种把气体（多数为空气）中的特定成分检测出来，并将其转换为电信号的器件。MP－4 可燃气体传感器采用平面半导体气敏元件，当有被检测气体存在时，空气中该气体的浓度越高，传感器的电导率就越高。使用简单的电路即可将这种电导率的变化转换为与气体浓度对应的输出信号。主要用于家庭、工厂、商业用所的可燃气体泄漏监测装置。在燃气报警器设计时，培养学生安全意识，引导学生珍爱生命。

5. 红外距离传感器的优点

红外测距仪是用调制的红外光进行精密测距的仪器，测程一般为 1 ~ 5 公里。红外技术是在军事应用中发展起来的，因为红外辐射看不见，可以避开敌方目视观察，白天、黑夜均可使用，特别适于夜战的场合；并且采用被动接收系统，比用无线电雷达或可见光装置安全隐蔽、不易受干扰、保密性强；利用目标和背景辐射特性的差异，能较好地识别各种军事目标，特别是可以发现伪装的军事目标；分辨率比微波好，比可见光更适应天气条件。分析红外测距传感器在军事武器中的应用，激发学生在大学期间努力学习专业知识，增强专业能力，将来为祖国的强大、民族复兴贡献力量。

6. 温湿度传感器应用开发

温湿度传感器多以温湿度一体式的探头作为测温元件，将温度和湿度信号采集出来，经过稳压滤波、运算放大、非线性校正、V/I 转换、恒流及反向保护等电路处理后，转换成与温度和湿度呈线性关系的电流信号或电压信号输出。HTU21D 温湿度传感器具有体积小、低功耗的特点，可应用于智慧农业温室环境控制系统，讲解温湿度传感器与微控制器的接口技术与程序设计，引导学生应用 HTU21D 传感器进行实际应用开发，同时，讲解科技发展带给新农村的新变化和国家出台的惠农新政策，提升学生的幸福感和社会主义认同感。

7. 压电传感器应用开发

压电式传感器是基于压电效应的传感器，是一种自发电式和机电转换式传感器，它的敏感元件由压电材料制成，压电材料受力后表面产生电荷，电荷经电荷放大器和测量电路放大和变换阻抗后就成为正比于所受外力的电量输出。作为敏感元件的压电材料对信息的采集非常重要，介绍我国在新型压电材料研发方面取得的重大突破，引导学生了解前沿技术及我国在该领域的领先地位，帮助学生树立文化自信，树立科技报国的人生志向。

8. CC2530 与步进电机开发

步进电机是将电脉冲信号转变为角位移或线位移的开环控制电机，是现代数字控制系统中的主要执行元件，应用极为广泛。通过单片机控制步进电机的正反转和转速来达到控制摄像机水平和垂直运动的功能，以此扩大监视范围，提高摄像机的使用价值。在设计过程中，引导学生实现对步进电机的精确控制，否则可能会造成采集信息不准确或造成事故及损失。培养学生在项目开发时要精益求精，具备质量意识，安全意识，养成良好的工程素养。

四、课程思政实施路径

“单片机与传感器”课程思政实施路径如表 8 –1 所示。

表 8-1 “单片机与传感器”课程思政实施路径

课程模块	课程内容	课程思政元素	教学素材	教学实施建议	支撑专业课程思政二级指标	考核评价
模块一：单片机系统与开发环境	微处理器及其发展	科技报国信念；开拓创新意识	案例：智能制造、中国芯视频资料	通过“智能制造”“中国芯”等视频，展示中国独立知识产权的芯片发展技术，激发学生专业认同和科技自信心；同时，通过实例说明芯片发展必须走独立自主和自力更生的道路，必须掌握核心技术，激励学生努力学习，不断开拓创新，树立科技报国理想信念	1.2 理想信念 2.3 时代追求	课后作业（1）： 查找目前微处理器的主流生产厂商，了解各公司技术优势，并比较国内外差距，自拟题目谈谈对国内芯片发展认识和自己的理想追求，重点考查科技报国的理想信念
	单片机硬件结构及应用领域	树立正确人生目标	案例：往届学生参加单片机相关学科竞赛作品视频	介绍单片机在不同领域的应用时，引入学生参加单片机创新设计竞赛作品，介绍课程在学科竞赛、考研、毕业设计乃至工作中的地位。引导学生进行学业与职业规划，确立人生目标，激发学生勇于创新，将个人理想融入祖国新一代信息技术强国战略，成就理想，筑梦中国	2.1 人生价值	课后作业（2）： 查找资料了解单片机的应用领域，列举生活中相关的单片机应用产品，理解单片机课程对专业的支撑，撰写不少于 500 字的学业与职业规划，树立正确的人生目标
	单片机项目开发流程	生态意识；质量意识	案例：闪烁灯控制仿真视频	通过闪烁灯控制开发仿真视频，向学生展示单片机项目开发流程，强调项目开发不仅要有正确的硬件电路设计，相应的软件控制程序，还要注重节能环保、塑造学生质量意识、责任意识	2.4 社会责任	作品设计（1）： 围绕案例组织设计用单片机控制 LED 灯的闪烁，绘制硬件电路，并编写控制程序。根据作品设计评分表进行评分。重点考查学生在项目开发中的质量意识

续表

课程模块	课程内容	课程思政元素	教学素材	教学实施建议	支撑专业课程思政二级指标	考核评价
模块二：单片机硬件结构及应用	CC2530 单片机控制程序设计	严谨求实科学精神； 精益求精的工作态度	案例：大国工匠胡双钱事迹	在单片机程序开发讲解中，引入大国工匠胡双钱的人物事迹，在 30 年的航空技术制造工作中，他经手的零件上千万，没有出过一次质量差错，强调刻苦钻研，细节决定成败，培养学生程序编写过程中严谨细致、精益求精，鼓励学生努力成为国之工匠	3.2 科学素养 3.4 工匠精神	小组讨论（1）： 围绕单片机 C 程序设计，布置设计任务，展开小组讨论，个人撰写讨论报告。重点考查学生对程序设计注意事项的理解，以及严谨认真，精益求精的工匠精神
	CC2530 单片机中断系统	规则意识	问题：当有多个中断同时向单片机发出中断申请时，中断系统如何工作	围绕问题展开小组讨论，引导学生了解中断系统工作原理，掌握中断优先级设置应该遵循的规则，从而帮助学生树立规则意识，培养学生在单片机的应用设计开发过程中遵守设计规范，养成良好的工程素养	4.3 遵守规则	小组讨论（2）： 围绕单片机中断系统工作过程学生展开小组讨论，小组撰写讨论报告。重点考查学生对中断系统功能的理解及设计过程中的规则意识
	CC2530 外部中断配置及应用	服务社会； 科技创新	案例：通过单片机中断系统设计实时故障监控	通过任务驱动，小组讨论，引导学生掌握中断配置理论知识，并进行应用设计，通过外部中断方式实现实时故障监控，通过解决实际设计过程中出现的各种问题，激励学生努力学习专业知识，实现学以致用，进行科技创新，服务社会，实现人生价值	2.1 人生价值 2.3 时代追求	作品设计（2）： 针对单片机中断系统应用的课程内容，布置学生完成单片机实时故障监控系统的设计，小组讨论设计方案，相互协作，引导学生学以致用，进行创新设计

续表

课程模块	课程内容	课程思政元素	教学素材	教学实施建议	支撑专业课程思政二级指标	考核评价
模块二：单片机硬件结构及应用	CC2530 定时/计数器	养成文明行为习惯； 守时守信	案例：交通灯智能控制系统设计	通过任务驱动，围绕案例展开小组讨论，让学生掌握单片机通过对内部和外部脉冲技术实现定时和计数原理，分析定时误差时，引导学生要守时守信；在设计过程中，通过分析交通灯变化状态，引导学生遵守交通法规，养成文明行为习惯	5.1 社会公德 5.3 个人品德	课堂测验（1）： 针对定时计数器专用寄存器发布课堂测验，考查学生对专用寄存器的掌握程度，开放型测试题重点考查学生对定时误差理解，建立守时守信意识
模块三：单片机接口技术及应用	A/D 转换应用设计	辩证思维	案例：智能红外测温仪中 A/D 转换芯片应用	以智能红外测温仪做教学实例，介绍其结构和工作原理，使学生了解 A/D 转换在整个装置的作用及意义，由于数字信号处理技术的优势，实际工程中大多要进行 A/D 转换，引导学生在设计过程中，要有辩证思维，科学分析问题，激发学生专业学习兴趣，提高实践能力	3.2 科学素养	作品设计（3）： 针对模数转换课程内容，布置任务，使学生完成红外测温系统设计，小组讨论设计方案，相互协作，了解 A/D 转换应用及与单片机的接口技术，在设计过程中，提升科学素养
	CC2530 电源管理	工程意识； 生态意识	案例：华为运动手环电源管理技术	移动式智能产品，特别是以电池作为电源的产品设计中电源的低功耗设计非常重要，以华为运动手环电源管理为案例，分析单片机低功耗设计原则及控制方法。引导学生项目开发时要注意节能环保、降低功耗，节约能源	2.4 社会责任	课后作业（3）： 查找资料了解市场上智能穿戴设备电源管理技术，撰写小论文，阐述自己对电源管理及设计的认识，说明电源设计对整个智能产品的重要作用，提出工程设计应遵循生态意识

续表

课程模块	课程内容	课程思政元素	教学素材	教学实施建议	支撑专业课程思政二级指标	考核评价
模块三：单片机接口技术及应用	串口通信	规则意识	案例：现代智能工厂设备交互设计与实现	通过案例分析，使学生掌握串口初始化和通信协议的设置，强调收发双方必须遵守通信协议，才能有效进行信息传输。从而培养学生规则意识，在项目设计中要遵守工程规范	4.3 遵守规则	课堂测验（2）： 针对串口通信发布课堂测验，考查学生对串行通信的理解及波特率的设置，开放型测试题重点考查学生双机通信程序设计能力及对通信协议的理解和规则意识
	LED 显示接口技术应用	辩证思维； 乐观向上的人生态度	案例：动态显示学生学号设计	以任务驱动，围绕问题如学生学号较长，需要数码管多，单片机端口不能满足控制要求，如何完成动态显示控制展开讨论，引导学生运用辩证思维科学分析问题，利用人眼惰性，合理选择延迟时间实现动态稳定显示。单片机课程实践性较强，学生在设计中会碰到许多棘手问题，引导学生面对困难要保持良好心态，积极进取，乐观向上	3.2 科学素养 3.3 心理素养	作品设计（4）： 针对 LED 显示课程内容，布置完成显示设计项目，小组讨论设计方案，运用科学方法分析解决实际问题
	单片机与键盘接口技术	质量意识； 具体问题具体分析	问题：按键的不同连接方法	实际单片机项目开发过程中，经常会用到按键，介绍按键与单片机的连接方法及控制原理，引导学生依据不同控制电路及按键使用数量，遵循节约环保原则，选择正确的按键连接方法。培养学生运用科学思维具体问题具体分析，同时在设计过程既要满足要求又不能进行浪费，打造一流产品质量	2.4 社会责任 3.2 科学素养	小组讨论（3）： 围绕按键与单片机接口电路展开小组讨论，个人撰写讨论报告。重点考查学生在按键使用过程中，依据具体电路进行正确选择连接方式的能力

续表

课程模块	课程内容	课程思政元素	教学素材	教学实施建议	支撑专业课程思政二级指标	考核评价
模块四：传感器驱动开发	传感器基本概念及应用	精益求精； 一丝不苟	案例：大国工匠——军工绣娘潘玉华	传感检测技术的成果就是最后的数据，通过视频，展示科技人员的专注和全身心投入，将工匠精神引申到传感检测，每一个操作环节必须严格按照技术标准流程，测量结果要符合各项技术标准，从而培养学生精益求精、一丝不苟的新时代工匠精神	3.4 工匠精神	课后作业（4）： 查找传感器的不同应用领域与种类，撰写自己对传感检测的重要性，以及检测过程中严格的标准要求的理解和对新时代工匠精神的理解
	传感器技术发展趋势与物联网应用	科技发展前沿； 使命担当	案例：智能家居、人工智能等领域传感器应用视频	通过案例展示智能家居、人工智能领域中传感器的应用及对传感器发展提出的新要求，让学生了解传感器的发展趋势及科技发展前沿，引出智能传感器对驱动中国智造的重大作用，开阔学生专业视野，激发学生学习先进传感器技术兴趣，增强学生实现智造强国的使命担当	1.4 国际视野 2.4 社会责任	课后作业（5）： 针对智慧城市系统，查找其中涉及的先进传感器，并撰写报告分析智能制造对传感器提出的新要求，开阔专业视野，激发学习兴趣
	光敏传感器特性及应用	职业责任感	案例：智能控制路灯设计	以自动控制路灯设计为案例，介绍光敏传感器的工作原理和应用，路灯的亮灭及光照的强度可以通过自然光照强度来进行调节，以达到节约能源的目的，向学生强调在进行实际工程项目设计时要注意绿色环保、节约能源，树立责任意识，推动社会可持续发展	5.2 职业道德	作品设计（5）： 完成自动控制路灯系统的设计，小组讨论设计方案，相互协作，引导学生树立责任意识，设计过程中要注意节能环保

续表

课程模块	课程内容	课程思政元素	教学素材	教学实施建议	支撑专业课程思政二级指标	考核评价
模块四：传感器驱动开发	MP－4 可燃气体传感器应用开发	珍爱生命	案例：燃气报警器的设计与实现	在燃气报警器的设计过程中，让学生了解气体传感器的使用注意事项和接口驱动方法，同时，提高学生家庭燃气使用安全意识，引导学生珍爱生命、热爱生命，敬畏生命	3.3 心理素养	小组讨论（4）： 围绕家庭气体烟雾报警系统的设计展开小组讨论，组长汇报，考查学生相互协作能力，掌握专业知识，设计过程要有安全意识，珍爱生命
	红外距离传感器的优点	科技报国信心； 民族自豪感	案例：红外测距传感器在军事装备中的应用	红外传感技术最先发展于军事，介绍其应用于军事领域的优势，通过视频展示国家军事实力，引导学生明白维护国家安全与荣誉是每个青年的责任与使命，要认真学习专业知识，增强专业能力，为祖国的强大、民族复兴贡献自己的力量	1.2 理想信念 2.2 民族精神	课堂测验（3）： 发布传感器相关知识测验，专业知识考查学生对传感器接口配置的掌握，开放型测试题重点考查学生单片机与传感器联合开发设计能力，科技报国
	温湿度传感器应用开发	社会主义认同感	案例：智慧农业大棚环境控制	通过温湿度传感器采集环境参数，实现智慧农业温室环境控制系统设计，引申出科技发展给农村带来的新变化，以及对农业的影响和农民生活的改善，提升学生的幸福感，对社会主义的认同感，激发学生的爱国情怀	1.1 党的领导	作品设计（6）： 设计智慧农业温室环境控制系统，了解温湿度传感器的使用与配置，小组讨论设计方案，引导学生运用专业知识与技能，服务社会，创造优质生活

续表

课程模块	课程内容	课程思政元素	教学素材	教学实施建议	支撑专业课程思政二级指标	考核评价
模块四：传感器驱动开发	压电传感器应用开发	科技报国；科技自信	案例：东南大学研发新型压电材料，未来衣服褶皱或能实现充电	通过展示我国青年科技人员在传感新技术领域取得成就的小故事，引入我国正处在向科技大国、科技强国迈进的重要关口，各个领域正在实现创新驱动发展。让学生感受我国在传感技术领域的迅猛发展，树立科技自信，科技报国的理想信念	1. 2 理想信念 1. 3 文化自信	课后作业（6）： 查找东南大学研发新型压电材料相关资料，压电传感器发展最新技术，体会科技发展的中国速度，树立科技自信
	CC2530 与步进电机开发	科技创新；学以致用	案例：步进电机控制摄像机云台设计	单片机控制步进电机正转、反转及转速，实现摄像机的升降、旋转等动作，通过尽可能少的摄像机数量，实现全方位、多角度的拍摄任务，节约成本。从而引导学生进行项目设计要注重节能高效，降低成本。步进电机还可用于窗帘、晾衣架等的控制，引导学生勇于创新，学以致用，利用所学服务社会	2. 3 时代追求	作品设计（7）： 设计摄像机云台控制系统，了解步进电机的工作原理及驱动方式，小组讨论设计方案，在设计过程中注重效率与成本，同时考查学生创新思维

五、考核评价

根据“单片机与传感器”课程思政教学实施路径中考核评价栏目规定的考核方式，过程性评价与终结性评价相结合，采用多元化考核评价方式，注重学生思想动态变化。

（一）过程性评价

1. 评价形式

评价形式如表 8 –2 所示。

表 8 –2　　评价形式表

评价形式	小组讨论	作品设计	课后作业	课堂测验
数量	4	7	6	3
占比	20%	35%	30%	15%

2. 评价标准

小组讨论，小组代表汇报。组内学生自评占 20%，学生互评占 30%；全体学生评价小组代表汇报情况占 20%；教师评价小组代表汇报情况占 30%。小组代表汇报成绩作为小组成员成绩。小组讨论评分如表 8 –3 所示。

表 8 –3　　小组讨论评分表

项目	主题突出	思路清晰	价值正向	领悟深刻	备注
权重	0.3	0.2	0.3	0.2	

作品设计。本课程过程性评价中，作品设计共 7 个，每件作品满分 100 分。评分方式为：组内学生评价占 30%；全体学生评价占 30%；教师评价占 40%。作品设计评分如表 8 –4 所示，适用于所有作品设计。

表 8－4　　作品设计评分表

项目	理念新颖	元素丰富	作品完整	价值正向	备注
权重	0.2	0.2	0.3	0.3	

课后作业。本课程过程性评价中，课后作业共 6 个，课后作业根据学生完成情况由任课教师综合评定，采用百分制赋分。课后作业评分如表 8－5 所示。

表 8－5　　课后作业评分表

项目	作业完成	知识掌握	知识运用	价值领悟	备注
权重	0.3	0.3	0.2	0.2	

课堂测验。本课程过程性评价中，课堂测验共 3 个，每份课堂作业满分 100 分，通过“学习通”记录学生成绩。课堂测验题包括专业知识测试题和开放型测试题，专业知识测试题中客观题由“学习通”自动评判，主观题和开放型试题由教师评价，考查学生的作答是否满足要求，符合题意，是否体现思政教学目标。开放型试题旨在了解学生思想变化动态以及对思政要素的理解与领悟。

（二）终结性评价

本课程采取试卷和作品相结合的终结性考核方式。考核内容既要考查学生专业知识掌握和综合应用情况，又要考查学生运用专业知识解决实际问题的科学素养，在项目设计过程要体现物联网工程师应具备的职业素养以及应承担的社会责任，并体现精益求精、严谨细致的工匠精神。

第九章

“物联网识别技术”课程思政教学设计

一、课程基本情况

“物联网识别技术”课程是物联网工程专业的一门专业核心课程，是学习物联网识别技术基本理论、相关技术、通信标准及实际应用的综合应用性课程。共48学时，3学分，其中理论32学时，实验16学时。

通过本课程的学习，使学生了解常见的物联网识别技术，掌握不同频段RFID应用系统工作原理、关键技术以及应用系统开发实践等相关内容，启发学生的创新思维，提升法治意识，感悟工匠精神，培养正确的人生观和价值观，树立高尚的个人品德，以便使学生能够比较全面地了解和掌握物联网识别领域相关知识和应用技术，能够利用物联网识别技术分析和解决实际问题，为今后从事物联网识别相关领域的工作打下坚实的基础。

二、课程思政目标

本课程围绕物联网工程专业育人目标，结合课程特点，注重知识传授、能力培养与价值塑造的统一，在思政教育上要达到以下目标。

（1）结合RFID发展历程、微波天线等内容，挖掘党的领导、理想信念、国际视野思政元素，培养学生拥护中国共产党的领导，开拓国际视野，将个人理想信念融入科技强国事业中来。

（2）结合射频识别技术的特点、RFID芯片等内容，挖掘人生价值、民族精神、时代追求、社会责任思政元素，培养学生正确认识创新和奉献的意义与价值，感悟中国人民不屈不挠的民族自豪感，引导学生要用发展的眼光看待问题，在社会生活中实现个人价值和社会价值的统一。

（3）结合高频 IC 卡的特点、公交非接触式 IC 卡应用开发等内容，挖掘人学素养、科学素养、心理素养、工匠精神思政元素，培养学生低耗环保生态意识，专业学习中的科学方法，引导学生保持良好的心理状态，养成勇于担当、承担责任的良好品质。

（4）结合条码的种类、二维码防伪技术等内容，挖掘法治认同、法治思维、遵守规则、依法办事思政元素，引导学生了解中国特色社会主义法治体系，提高学生的规则意识和法律认同感，树立法治观念，严格约束自己，自觉遵纪守法，自觉履行法治义务。

（5）结合超高频 RFID 电子标签的特点、NFC 电子名片的应用等内容，挖掘社会公德、职业道德、个人品德思政元素，引导学生遵守社会公德，努力提高协作意识，培养正直善良的品德。

三、课程内容与思政元素

（一）模块一：物联网与识别技术

1. 自动识别技术

自动识别技术是将数据自动采集，对信息自动识别，并自动输入计算机，使得人类得以对大量数据信息进行及时、准确的处理。随着人类社会步入信息时代，人们所获取和处理的信息量不断加大。传统的信息采集输入是通过人工手段录入的，不仅劳动强度大，而且数据误码率高，需要耗费大量的人力和时间，给各行各业也带来了更庞大的数据管理挑战。分析自动识别技术在传统信息采集中的优势，让学生认识自动识别技术在信息化强国建设中的重要性，培养学生的信息强国责任感。

2. 射频识别技术的特点

射频识别（radio frequency identification，RFID）技术，又称无线射频识别，是一种通信技术，俗称电子标签。可通过无线电讯号识别特定目标并读写相关数据，而无须识别系统与特定目标之间建立机械或光学接触。射频识别技术最重要的优点是非接触识别，它能穿透雪、雾、冰、涂料、尘垢和条形码无法使用的恶劣环境阅读标签，还可以批量识别，并且阅读速度极快。射频识别技术应用潜力最大的领域之一就是公共交通领域，用电子标签作为电子车票，还可以同时识别几张电子标签，实现并行收费，此时告诉学生在成长中可能同时会遇到多种任务需要处理，要不畏环境艰险，不忘初心，坚定不移地朝着自己奋斗的目标前进。

3. RFID 发展历程

从 20 世纪 40 年代起，RFID 技术经历了产生、探索、成为现实、推广和普及发展历程。20 世纪 40 年代，由于雷达技术的应用和改进，产生了 RFID 技术，也奠定了 RFID 技术的基础。20 世纪 50 年代时 RFID 技术的探索阶段，RFID 技术主要是在实验室进行研究。20 世纪 60 ~ 80 年代，RFID 技术逐渐从初始期慢慢走向成熟期。20 世纪 90 年代，是 RFID 技术的推广期，主要表现在发达国家配置了大量的电子收费系统，并将 RFID 用于安全和控制系统，使射频识别的应用日益繁荣。20 世纪 90 年代末和 21 世纪初始 RFID 技术的普及期，RFID 产品种类更加丰富，标准化问题日趋为人们所重视，RFID 技术的理论更加丰富和完善，电子标签成本不断降低，规模应用行业不断扩大①。让学生了解国内外 RFID 发展情况，体会 RFID 技术不断突破、不断发展强大的过程。在比较中分析我国 RFID 技术在世界发展中的现状、作用和面临的机遇与挑战，增强忧患意识和为国家建设做贡献的意识与愿望。引导学生明白任何新生事物都会有一个发展过程，要用发展的眼光看问题。

4. RFID 芯片

RFID 技术被全球高科技领域誉为最有市场前景、最具改变人类生活方式和高科技产业面貌的技术，各国都在 RFID 领域投入巨资进行 RFID 芯片开发。2021 年 4 月 22 日，国芯物联在上海举办的第十五届国际物联网展上发布自研 RFID 读写器芯片，解决了技术“卡脖子”问题。通过案例分析，发布小组讨论，让学生了解 RFID 芯片的作用，掌握 RFID 芯片研发在产品应用中的重要性，引导学生意识到若想在激烈的市场竞争中站稳脚跟，亟须

① 资料来源：世界网官网。

提高 RFID 芯片产业自主研发能力，培养学生自主创新思维，激发爱国主义情感和民族责任感。

5. RFID 标准

RFID 作为自动识别领域最具发展潜力的技术趋势，正创造出巨大的商业价值。目前，全球 RFID 标准尚未统一，竞争激烈。为了在 RFID 产业中掌握主动权，世界发达国家和跨国公司都在加速推动 RFID 技术的研发、制订 RFID 标准和应用进程。全球多种 RFID 标准体系包含了许多 RFID 标准，但这些标准不一定完全符合我国的应用需求，导致国内核心技术研发和产业发展一直都处于技术跟随阶段，受制于人。为打破技术垄断，满足国内及军用 RFID 应用需求，推进 RFID 技术和应用发展，迫切需要制定我国自主可控的 RFID 标准。教师引导学生围绕“我国 RFID 标准建立面临哪些困境”，展开讨论，探究原因，引导学生了解 RFID 标准的重要性，分析我国制定 RFID 标准的重要性及如何突破困境，培养学生勇于创新的时代精神以及致力于打造中国标准的民族责任感。

（二）模块二：光学字符识别技术及应用

1. 条形码技术

条形码由一组规则排列的条、空以及对应的字符组成，是一种可扫描识别的标记，“条”指对光线反射率较低的部分，“空”指对光线反射率较高的部分，这些条和空组成的数据表达一定的信息，并能够用特定的设备识读，转换成与计算机兼容的二进制和十进制信息。用于给产品赋上产品号、序列号和批号等信息，具有各种形状和大小，在库存管理、物流和消费者互动方面发挥着重要作用。这项创新加速了商品流通，颠覆现有行业的发展模式。首个使用条形码的产品是一包箭牌多汁水果口香糖，目前这包口香糖正在华盛顿的史密森尼国家历史博物馆展出。每一项重大发明，很多时候不能一蹴而就，可能需要很多人的努力，一代又一代的技术沉淀，甚至是许多科学技术相互促进，才能诞生。引导学生学好专业知识，培养创新思维，将技术应用实践，服务社会，造福人类。

2. ISBN 条码

条码按照不同的分类方法、不同的编码规则可以分成许多种，现在已知的世界上正在使用的条码有250多种。条码的分类主要依据条码的编码结构和条码的性质来决定。ISBN条码，即国际标准书号，是专为非连续性出版物开发的13位数线性条码，适用于小说、非小说以及电子书籍。通过ISBN系统，无论是实体书店、网上书店还是图书馆，都能够查询某本书的版本，且国际适用。ISBN可以帮助辨别盗版，出版社需要向国家ISBN管理部门申请，如果表明出版社与对应出版社不对应，就能断定为盗版。盗版侵犯的是著作权，盗版行为构成了侵犯著作权罪。引导学生学好专业知识的同时，认同国家法律，不触碰法律底线，明礼守法。

3. 二维码防伪技术

二维码是用某种特定的几何图形按一定规律在平面（二维方向上）分布的图形数据符号记录信息，目前最常见到的是二维码矩阵图形。二维码防伪是二维码技术应用中一个非常重要的技术，采用二维码加密技术给产品做标识，将二维码印刷或标贴于产品包装上，用户只需通过指定的二维码防伪系统或手机软件进行解码检验，即可验证产品真伪，获得详尽的信息。二维码可储存丰富的产品信息，通过加密不易被复制盗用，产品信息来自企业官方发布，查询渠道正规、专业，实现了产品信息防伪的高效性。新版火车票就采用了二维码防伪技术，将有效打击假票贩卖现象，让学生了解二维码数据防伪技术在法治社会中发挥的重要作用。引导学生要树立法治观念，不做违法乱纪的事情。

4. 二维码追踪溯源技术

由于各种规模的零售商都需要为国内和国际市场追踪追溯、加工和存储商品，二维码具有信息量大，纠错能力强，识读速度快，全方位识读等特点。因此，由于所需的数据量，二维码将成为必需品。正确赋码将确保提高可追溯性、供应链效率和消费者保护。通过兆信科技二维码服装质量追踪溯源系统解决方案的学习，引入二维码技术的追踪溯源功能，该解决方案利用先进的物联网技术、自动控制技术、自动识别技术、互联网技术和相关的工具，通过二维码对单个服装赋予独一身份码，实现一件一码，杜绝部分经营者销售假冒品牌商品，欺骗消费者现象，对服装鞋子产品的生产、仓储、物流运输、市场巡检及消费等环节进行数据采集，实现服装生产环节、仓储环节、销售环节、流通环节和服务环节的全生命周期管理。培养学生的质量保障意识，引导学生要依法从业，遵纪守法，维护消费者合法权益。

（三）模块三：低频 RFID 技术应用

1. 低频 RFID 电子标签的特点

RFID 电子标签由耦合元件及芯片组成，每个 RFID 标签具有唯一的电子编码，附着在物体上标识目标对象，俗称电子标签或智能标签，工作频率不受无线电频率管制约束，不受形状和尺寸大小的限制，而且也正在往小型化和多样化发展，可应用于更多不同的产品。受温度、湿度、障碍物的影响小，可以穿透水、有机组织、木材等，能够在各种恶劣的环境下工作。引入小区低频门禁卡案例，一人一卡，讲解其省电、廉价、携带方便的特点，每人申请的门禁卡在物业都会增加相应记录，外来人员不能自由进出，有效改善了鱼龙混杂的居住环境，保障了小区内居民的生命和财产安全，让学生了解 RFID 电子标签在门禁应用中的重要作用，培养学生的法治思维，增强安全意识。

2. 低频 RFID 协议标准

ISO/IEC 18000 -2 标准定义了低于 135kHz 空气界面无线电频率识别设备操作用于项目管理的应用程序①。定义了读写器和应答器之间的物理接口、协议、命令和防碰撞机制。标准包含两种通信模式：全双工（TYPE A），半全双工（TYPE B）。标准提供共同遵守的工作语言，是对重复性技术事项在一定范围内所作的统一规定。因为采用同样标准的技术和协议，使不同企业生产的产品互相兼容，减少了用户的技术风险，可以实现信息的共享，促进全球低频 RFID 产业分工，让学生了解低频 RFID 协议标准机制，通过案例教学在学习专业理论的同时，树立规则意识，遵守规章制度，规范自己言行。

---

① 黄玉兰：《物联网射频识别（RFID）核心技术详解》，人民邮电出版社 2016 年版。

（四）模块四：高频 RFID 技术应用

1. 高频 IC 卡的特点

IC 卡全称集成电路卡，又称智能卡，工作在高频频段，属于高频卡，工作在 13.56MHz。可读写，容量大，有加密功能，安全性高，数据记录可反复擦写，使用更方便。市面上有一些卡和高频 IC 卡外观很像，如 ID 卡。教师围绕问题“IC 卡与 ID 卡区别和联系”，让学生了解 IC 卡的特点，掌握高频 IC 卡的应用。引导学生意识到两类卡虽然外观相似但实质不同，要能够正确区分，要透过现象看本质，不要拘泥于外表，对知识永远保有探索和谦虚的精神，培养学生崇尚科学的精神。

2. 公交非接触式 IC 卡应用开发

在我国随着一卡通的推广，基本上每个城市都有自己的公交 IC 卡，一些城市的公交 IC 卡充当着当地城市一卡通的职能。公交车非接触 IC 卡是非接触 IC 卡的一种。引入对嵌入式公交 IC 卡系统的设计案例，采用任务驱动方式，由简到难分解任务，在系统开发过程中要熟悉公交 IC 卡的工作原理、掌握公交刷卡机开发平台的搭建，掌握实现公交电子钱包功能的上位机操作和嵌入式单片机底层程序设计，系统开发过程复杂烦琐，且代码编写要整洁可读、扩展性好、效率高等，引导学生在进行系统设计开发实践时要持之以恒，鼓励学生保持良好的心理状态，引导学生积极乐观，树立正确的得失观。

（五）模块五：超高频 RFID 技术应用

1. 超高频 RFID 电子标签的优点

超高频 RFID 电子标签可以识别高速运动物体，也可以同时识读多个对象，穿透性较强，抗恶劣环境，安全性、保密性强，可重复使用，数据的记忆容量大，作用距离大，广泛用在公共交通、物流等应用中。引入 ETC 不停车收费系统，了解超高频 RFID 电子标签在 ETC 不停车收费系统中的应用，实现道路高速通行和交通无人管理的准确高效通行模式。有效减少因停车收费造成的延误和拥挤，大大提升了高速公路的收费效率，使车辆减少因排队而频繁启动、刹车的次数，从而可实现节约耗油、减少污染物的排放。

以此增强学生为推动超高频 RFID 电子标签向绿色环保与智能化发展做贡献的意识，培养学生生态文明意识，树立高度的社会责任感。

2. 超高频 RFID 系统开发

随着超高频 RFID 技术的发展，在标签的存储区中存入了消费数据，可以在高速、远距离情况下进行充值、扣款的应用也逐渐得到推广。引入超高频 RFID 系统卡钱包设计案例，以教师为主导、学生为主体，采用任务驱动方式，鼓励学生分组完成，指导学生开展超高频 RFID 系统卡钱包设计，在开发过程中了解超高频 RFID 卡钱包的应用场景，实现卡钱包功能的电子标签存储区的使用，掌握 Sensor - EH 阅读器协议、实现卡钱包查余额、充值、扣费功能的读写指令和上位机操作，完成高频 RFID 卡钱包设计及功能实现。引导学生以严谨态度提升科技创新水平，培养学生求真务实的科学精神、一丝不苟的工匠精神和“开放、包容、探索、创新”的职业精神。

（六）模块六：微波 RFID 技术应用

1. 微波技术

微波频段大部分频率的电磁波在大气中传播衰减很小，受到烟雾或不良天气的影响基本可以忽略，对于玻璃、塑料和瓷器等材料，以极微弱的损耗透过，而水和食物等会吸收微波而使自身发热，对于金属类材料，则会反射。载频高、波长短、易实现大带宽等特性也使得这类传感器在尺寸和分辨率方面具有很强的适应性。上述的这些特点使它极适合于透过墙壁、遮蔽物或衣物对人体或藏匿物品进行探测和成像，加上几乎全天候的探测能力以及对多普勒频率的精细测量能力，推动了其在对人体的探测与行为识别方面的应用。引入安防领域重要场所出入口的人体安检案例，对可能携带危爆品的人员实施人体安全检查，让学生体会微波技术在安检应用的重要作用，引导学生树立安全意识和社会责任感，维护公共安全。

2. 微波天线

雷达的研制、微波接力通信、广播电视业务、卫星通信的兴起使微波技术得到了飞速的发展和不断的完善，微波技术在国防军事、航空航天、无线通信中得到了极其广泛的应用。通过“中国天眼”案例可知，建造完成的射电望远镜天线成为世界最大单口径非全可动微波反射面天线，成绩的取得归功于中国共产党的正确领导，提振了中国人的信心，为中国赢得了国际声誉。让学生了解微波天线在大国重器中的重要作用，天线的分类、功能、特性，比较不同类型微波天线区别和联系，掌握天线的电参数基本概念、含义，理解天线的基本辐射单元原理。让学生深深地体会“中国天眼”之父南仁东带领科技青年勇于奋斗、自主创新以及为了一个个科学领域的梦想坚守的精神，引发学生共鸣，激发学生学好微波天线技术的热情，培养学生坚定理想信念和奉献精神，立志投身建设富有时代特色的科技强国事业中。

（七）模块七：其他 RFID 技术应用开发

近场通信技术（near field communication，NFC）是由飞利浦半导体、诺基亚和索尼共同研制开发的一种短距离无线高频技术，它由非接触式射频识别（RFID）和互联互通技术整合演变而来，在单一芯片上结合感应式读卡器、感应式卡片和点对点功能，能在短距离范围内与兼容设备进行识别和数据交换。在商务活动频繁的现代社会，人们需要保存和携带大量名片用于日常交际，然而纸质名片不易保存，查找困难，且管理不方便。引入 NFC 电子名片案例，突出人性化特色，也可运用现代化高科技手段融入一些文化元素，NFC 芯片可供多次读写，节能、环保、快捷、易用、安全，大大节约了名片制作的成本，让学生体会 NFC 技术在电子名片应用中的作用和重要性，加强学生对中华优秀传统文化的学习与积累，培养学生节能环保意识和文化素养。

四、课程思政实施路径

“物联网识别技术”课程思政实施路径如表 9－1 所示。

表 9－1　“物联网识别技术”课程思政实施路径

课程模块	课程内容	课程思政元素	教学素材	教学实施建议	支撑专业课程思政二级指标	考核评价
模块一：物联网与识别技术	自动识别技术	信息强国责任感	问题：如何解决传统的信息采集效率低、误码率高问题	教师讲解传统信息采集问题，通过发布小组讨论，引出自动识别技术知识的学习，通过小组在班级汇报和分享，让学生认识自动识别技术在信息化强国建设中的重要性，培养学生的社会责任感	2.4 社会责任	课堂测验（1）： 围绕自动识别技术和案例内容展开课堂测验，重点考查学生对自动识别技术的认识以及对信息强国责任感的理解
	射频识别技术的特点	不忘初心	案例：电子票证识别	通过案例分析，小组讨论等教学方式，了解射频识别技术特点，可以工作在恶劣环境中，批量识别电子标签，引导学生要不畏环境艰险，不忘初心，坚定不移地实现自己奋斗的目标	2.1 人生价值	小组讨论（1）： 围绕射频识别技术特点和案例内容开展小组讨论，根据小组讨论评分表进行评分，重点考查学生对射频识别技术特点的认识以及对生活中不忘初心的理解
	RFID 发展历程	世界眼光； 用发展的眼光看问题	材料：国内外 RFID 发展现状	采用图片展示的方法，了解国内外 RFID 发展情况，感受 RFID 技术不断突破、不断强大的过程，从国际视角对比分析我国 RFID 技术在世界发展中的现状、作用和面临的机遇与挑战，增强忧患意识和为国家建设做贡献的意识与愿望。除此之外引导学生要用发展的眼光看待新事物的发展问题	1.4 国际视野 3.2 科学素养	小组讨论（2）： 围绕 RFID 发展历程课程和案例内容开展小组讨论，根据小组讨论评分表进行评分，重点考查学生对 RFID 发展历程认识以及对国内外 RFID 发展现状的了解

续表

课程模块	课程内容	课程思政元素	教学素材	教学实施建议	支撑专业课程思政二级指标	考核评价
模块一：物联网与识别技术	RFID 芯片	民族责任感	案例：国芯物联在上海举办的第十五届国际物联网展上发布自研 RFID 读写器芯片	通过案例分析、小组讨论，了解国产 RFID 芯片的新突破，以及其在产品应用中的重要性，掌握 RFID 芯片的作用。引导学生培养创新能力，激发爱国主义情感和民族责任感	2. 2 民族精神	小组讨论（3）： 围绕课程和案例内容开展小组讨论，根据小组讨论评分表进行评分。重点考查学生 RFID 芯片中所蕴含的民族责任感
	RFID 标准	勇于创新； 社会责任感	问题：我国 RFID 标准建立面临哪些困境	通过讲解 RFID 标准重要性，发布小组讨论问题，分析我国制定 RFID 标准的重要性及如何突破困境，培养学生勇于创新的时代精神以及致力于打造中国标准的民族责任感	2. 3 时代追求 2. 4 社会责任	课后作业（1）： 围绕课程和案例内容布置作业，考查学生对 RFID 电子标签知识的掌握以及对创新精神和履行社会责任重要性的认识
模块二：光学字符识别技术及应用	条形码技术	服务人民； 奉献社会	案例：箭牌口香糖包装第一次使用条形码技术	通过案例分析，了解条形码技术的特点以及应用领域，掌握条形码技术优势，引导学生学好专业知识，培养创新思维，将技术应用实践，服务社会，为人类造福	2. 1 人生价值	小组讨论（4）： 围绕课程内容和材料组织学生小组讨论，根据小组讨论评分表进行评分。重点考查学生对条形码技术的认识，以及对社会责任的认识

续表

课程模块	课程内容	课程思政元素	教学素材	教学实施建议	支撑专业课程思政二级指标	考核评价
模块二：光学字符识别技术及应用	条码的种类	崇尚法治； 明礼守法	案例：山东聊城11.16制盗版教材案	通过案例分析、小组讨论的方法，了解条码种类，能够通过ISBN系统辨别盗版书籍，介绍盗版图书的危害，依法打击盗版，引导学生学好专业知识的同时，认同国家法律，不触碰法律底线，明礼守法	4.1 法治认同 5.3 个人品德	小组讨论（5）： 围绕课程内容和案例，展开小组讨论，根据小组讨论评分表进行评分。重点考查学生对条码种类的认识以及明礼守法的理解
	二维码防伪技术	树立法治观念	案例：火车票二维码数据防伪技术	通过案例分析、小组讨论的方法，引出二维码技术在数据防伪中的应用，使学生掌握二维码技术数据防伪的过程，了解二维码数据防伪技术在法治社会中发挥的重要作用。引导学生要崇尚法治精神，树立法治观念，不做违法乱纪的事情	4.2 法治思维	小组讨论（6）： 围绕二维码防伪技术课程内容和案例开展小组讨论，小组撰写讨论报告，根据小组讨论评分表进行评分。考查学生的法治观念
	二维码追踪溯源技术	质量保障意识； 依法经营	案例：兆信科技二维码服装质量追踪溯源系统解决方案	通过案例分析、小组讨论的方法，引入二维码技术的追踪溯源功能的学习，掌握产品溯源流程以及对商品流通数据采集的重要性，杜绝部分经营者销售假冒品牌商品，欺骗消费者现象，培养学生的社质量保障意识，引导学生要依法从业，遵纪守法，维护消费者合法权益	2.4 社会责任 4.4 依法从业	课堂测验（2）： 围绕二维码技术追溯技术课程内容和材料布置课堂测验，考查学生对二维码技术的掌握程度以及对社会责任感和质量保障意识的理解

续表

课程模块	课程内容	课程思政元素	教学素材	教学实施建议	支撑专业课程思政二级指标	考核评价
模块三：低频 RFID 技术应用	低频 RFID 电子标签的特点	信息安全意识	案例：小区低频门禁卡	采用翻转课堂，课前让学生搜集资料了解 RFID 低频电子标签基础知识，如定义、作用等，了解低频 RFID 电子标签的特点，课堂分享上述研究成果，教师总结底片 RFID 电子标签的特点、作用以及应用，培养学生的法治思维，增强安全意识	4.2 法治思维	课后作业（2）： 围绕课程内容和案例资料布置作业，重点考查学生对低频 RFID 电子标签基础知识的掌握程度以及在低频 RFID 电子标签在安全领域中的应用
	低频 RFID 协议标准	规则意识	案例：RFID 宠物追溯管理解决方案	通过案例分析、小组讨论的方法，了解低频 RFID 协议标准在 RFID 宠物追踪溯源解决方案中的应用，标准提供共同遵守的工作语言，是对重复性技术事项在一定范围内所作的统一规定。引导学生树立规则意识，遵守规章制度，规范自己言行	4.3 遵守规则	课堂测验（3）： 就低频 RFID 协议标准课程内容和案例材料布置课堂测验，重点考查学生对低频 RFID 协议标准专业知识的掌握程度以及对规则意识的理解
模块四：高频 RFID 技术应用	高频 IC 卡的特点	崇尚科学的精神	问题：高频 IC 卡与低频 ID 卡的区别和联系	通过图片展示、小组讨论的方法，分别从外观和实质两个方面区分 IC 卡和 ID 卡的区别和联系，引导学生要透过现象看本质，不要拘泥于外表，对知识永远保有探索和谦虚的精神，培养学生崇尚科学的精神	3.2 科学素养	课后作业（3）： 围绕高频 IC 卡的特点课程内容和材料布置作业，考查学生对 IC 卡的工作原理的掌握以及对勇于探索知识和谦虚精神的理解

续表

课程模块	课程内容	课程思政元素	教学素材	教学实施建议	支撑专业课程思政二级指标	考核评价
模块四：高频 RFID 技术应用	公交非接触式 IC 卡应用开发	积极乐观	案例：嵌入式公交 IC 卡系统的设计	通过采用任务驱动、小组讨论的方法，让学生掌握公交非接触式 IC 卡应用开发过程，系统开发过程复杂烦琐，且代码编写要整洁可读、扩展性好、效率高等，引导学生在进行系统设计开发实践时要持之以恒，鼓励学生保持良好的心理状态	3.3 心理素养	课堂测验（4）： 根据公交费接触式 IC 卡应用开发课程内容和案例材料布置课堂测验题。重点考查学生对公交非接触式 IC 卡应用开发知识的掌握，以及开发过程中持之以恒精神的理解
模块五：超高频 RFID 技术应用	超高频 RFID 电子标签的特点	服务社会 节能环保	案例：ETC 不停车收费系统	通过观看视频、小组讨论的方式，了解超高频 RFID 电子标签在 ETC 不停车收费系统中的应用，实现道路高速通行和交通无人管理的准确高效通行模式。大大提升了高速公路的收费效率，使车辆减少因排队而频繁启动、刹车的次数，从而可实现节约耗油、减少污染物的排放。培养学生生态文明意识，树立高度的社会责任感	2.4 社会责任 5.1 社会公德	课后作业（4）： 围绕超高频 RFID 电子标签的特点课程内容和材料布置课后作业。重点考查学生对超高频 RFID 电子标签基础知识的掌握，以及对科技发展自豪感的理解
	超高频 RFID 系统开发	协作意识； 精益求精	案例：高频 RFID 系统卡钱包设计	通过案例分析、任务驱动方式，鼓励学生分组完成，学习超高频 RFID 系统开发相关知识，培养学生工程实践和团队协作的能力以及对复杂问题的攻坚、钻研精神	5.2 职业道德 3.4 工匠精神	课后作业（5）： 结合课程内容和案例布置课后作业，重点考查学生对高频 RFID 系统卡钱包的知识掌握程度以及对系统开发中协作的理解

续表

课程模块	课程内容	课程思政元素	教学素材	教学实施建议	支撑专业课程思政二级指标	考核评价
模块六：微波 RFID 技术应用	微波技术	社会公共安全意识	案例：安防领域重要场所出入口的人体安检	通过案例分析、小组讨论的方法，了解微波技术特点及相关优势，引入安防领域出入口的人体安检案例，引导学生树立安全意识，激发学习积极性和社会责任感，维护公共安全	2.4 社会责任	课堂测验（5）： 根据课程内容和案例材料布置课堂测验，重点考查学生对微波技术基础知识的掌握以及对维护公共安全责任的理解
	微波天线	甘于奉献； 远大理想和坚定信念	案例：天眼之父南仁东打造“中国天眼”	通过图片展示、对比分析的方法，了解微波技术在大国重器中的应用，让学生体会“中国天眼”之父南仁东 22 年只做一件事的坚持，带领科技青年勇于奋斗、自主创新以及为了一个个科学领域的梦想坚守的精神，培养学生坚定理想信念和奉献精神，立志投身建设富有时代特色的科技强国事业中	1.1 党的领导 1.2 理想信念	课后作业（6）： 请结合案例，撰写不少于 500 字的作业，谈谈中华民族的创新精神和自己的理想追求，题目自拟，重点考查学生的职业精神和责任担当
模块七：其他 RFID 技术应用开发	NFC 技术的应用	低耗环保； 文化创意	案例：NFC 电子名片	讲授 NFC 技术特点及优势，通过案例了解智能名片的优势，对比现代社会采用纸质名片弊端，引导学生采用 NFC 技术制作电子名片，低耗环保，培养学生社会责任感和文化素养	3.1 人文素养 5.1 社会公德	作品设计（1）： 请结合材料，请学生自行设计一张智能名片，重点考查学生勤俭节约、保护环境意识

五、考核评价

根据“物联网识别技术”课程思政教学实施路径中考核评价栏目规定的考核方式，过程性评价与终结性评价相结合，采用多元化考核评价方式，注重学生思想动态变化。

（一）过程性评价

1. 评价形式

评价形式如表 9 – 2 所示。

表 9 – 2　　　　评价形式表

评价形式	小组讨论	作品设计	课后作业	课堂测验
数量	6	1	6	5
占比	35%	10%	30%	25%

2. 评价标准

小组讨论，小组代表汇报。组内学生自评占 20%，学生互评占 30%；全体学生评价小组代表汇报情况占 20%；教师评价小组代表汇报情况占 30%。小组代表汇报成绩作为小组成员成绩。小组讨论评价如表 9 – 3 所示。

表 9 – 3　　　　小组讨论评分表

项目	主题突出	思路清晰	价值正向	领悟深刻	备注
权重	0.3	0.3	0.2	0.2	

作品设计，本课程过程性评价中，作品设计共 1 个，每件作品满分 100 分。评分方式为：组内学生评价占 20%；全体学生评价占 30%；教师评价占 50%。作品设计评分如表 9 – 4 所示，适用于所有作品设计。

表 9-4　　作品设计评分表

项目	理念新颖	元素丰富	作品完整	价值正向	备注
权重	0.3	0.2	0.3	0.2	

课后作业，本课程过程性评价中，课后作业共6个，课后作业根据学生完成情况由任课教师综合评定，采用百分制赋分，课后作业评分如表9-5所示。

表 9-5　　课后作业评分表

项目	作业完成	知识掌握	知识运用	价值领悟	备注
权重	0.2	0.3	0.3	0.2	

课堂测验，本课程过程性评价中，课堂测验共5个，每份课堂作业满分100分，通过“学习通”记录学生成绩。课堂测验题包括专业知识测试题和开放型测试题，专业知识测试题中客观题由“学习通”自动评判，主观题和开放型试题由教师评价，考查学生的作答是否有情感、思想健康，符合题意；是否有深刻、丰富的内涵，是否有创新，开放型试题旨在激发学生自我表达能力和想象力，培养创新型人才，课堂测验评分如表9-6所示。

表 9-6　　课堂测验评分表

项目	测验完成	知识掌握	知识运用	价值正向	备注
权重	0.2	0.2	0.3	0.3	

（二）终结性评价

本课程采取闭卷的终结性考核方式。试题形式和内容突出基础性、综合性、应用性和创新性，通过设计探究性试题，考核内容既要考查学生专业知识掌握和综合应用情况，又要考查学生家国情怀、政治认同、文化素养、法治意识、道德修养等思政目标。

第十章

“嵌入式系统设计与开发”课程思政教学设计

一、课程基本情况

“嵌入式系统设计与开发”课程是物联网工程专业的一门专业核心课程，是学习嵌入式系统软硬件设计方法和接口技术，掌握嵌入式系统设计和开发的基本技能，应用嵌入式技术解决实际问题的课程，共 64 学时，4 学分，其中理论 32 学时，实验 32 学时。

通过本课程的学习，使学生了解常用的嵌入式系统的开发工具和开发方法，熟悉微处理器特性、嵌入式系统的典型应用及系统设计开发的步骤，掌握嵌入式处理器结构、嵌入式系统的存储器及接口和嵌入式系统中传感器的应用开发，进阶开展“嵌入式项目开发平台搭建、智能设备控制系统、智能传感器环境监测系统、综合应用项目”四级项目开发，培养学生解决复杂工程问题的能力，为从事智能产品的开发工作奠定理论及实践的基础。

二、课程思政目标

本课程围绕物联网工程专业育人目标，结合课程特点，注重知识传授，能力培养与价值塑造的统一。在思政教育上要达到以下目标。

（1）通过嵌入式操作系统、嵌入式系统开发平台等教学内容，实施社会主义核心价值的认同教育，坚定学生中国特色社会主义理想信念，提升学生文化自信，开拓国际视野，增强政治意识，强化使命担当。

（2）通过农业大棚环境信息采集的设计与实现、图书馆照明调节系统设计等教学内容，从情出发，以情致怀，培养学生的家国情怀核心素养，树立正确世界观、人生观、价值观，激励学生勇担时代重任，培养学生社会责任感。

（3）通过设备电子时钟的设计与实现、设备电压监测的设计与实现、设备中断处理的设与实现等教学内容，传播弘扬中华优秀传统文化，提升学生人文素养，使其具有以人为本的意识、健康的心理状态；具有追求完美、永无止境、追求卓越的工匠精神。

（4）通过设备串口通信的设计与实现、任务设计流程与需求分析等教学内容，培养学生对中国特色社会主义法治的认同感，形成运用法律认识、分析、处理问题的思维方式，自觉遵守规则，成为社会主义法治的自觉践行者和坚定捍卫者。

（5）通过环境监测站点自复位的设计与实现、智能洗衣机控制系统设计等教学内容，提高学生社会公德意识，使其具备求真务实的职业作风、战胜困难的勇气和能力，培养学生高尚的职业道德情操和工程伦理素养。

三、课程内容与思政元素

（一）模块一：嵌入式项目开发平台搭建

1. 嵌入式系统的发展与应用

嵌入式系统一词源于20世纪70～80年代，早期曾被称为嵌入式计算机系统或隐藏式计算机系统，后来随着半导体技术、微电子技术的快速发展，集成电路设计和工艺水平的不断提高，嵌入式系统已经渗透到生活的各个领域。随着国家信息化的推进，嵌入式作为一种传统的电子技术，未来会因为物联网的发展，逐渐倾向于嵌入式＋智能学科的发展，涵盖了微电子技术、传感技术、电子信息技术、计算机软件和硬件等多项技术的应用，最终实现智能终端产品网络化。目前物联网风口已来，嵌入式工程师人才严重紧缺，分组展开对嵌入式工程师的岗位需求调研，引导学生了解嵌入式系统相关岗位的就业前景和岗位职责，教育学生要了解嵌入式前沿技术发展，做好大学生学业与职业规划，根据岗位需求有目的地学习，提高学生积极自主规划未来人生的意识和能力。

2. 嵌入式操作系统

随着中国ICT产业迅猛发展，国产装备自主可控需求旺盛，国产嵌入式操作系统发展步入快车道。嵌入式操作系统负责嵌入式系统的全部软、硬件资源的分配、任务调度，控制、协调并发活动，能够通过装卸某些模块来达到系统所要求的功能。利用嵌入式操作系统提供的多任务调试环境，可大大提高系统软件的开发效率，降低开发成本，缩短开发周期。在开源操作系统生态不断成熟的背景下，中国的国产操作系统厂商中，中标麒麟、银河麒麟、华为鸿蒙各有所长，不断加大国产厂商的市场话语权和占有率。引导学生讨论鸿蒙操作系统在各种嵌入式设备上的使用和移植，发现国产操作系统快速崛起的形势，教育学生坚定中国科技文化自信和弘扬民族精神，引发学生在思想上的共鸣，激发学生奋发图强、为国争光的斗志。

3. 嵌入式微处理器

伴随着大规模集成电路技术的迅速发展，芯片集成密度越来越高，微处理器已成为最重要的国家战略方向。嵌入式微处理器是嵌入式系统的核心，是控制、辅助系统运行的硬件单元。ARM嵌入式微处理器由于具有功耗小、成本低、功能强等特点已经深入工业控制、无线通信、网络应用、消费类电子产品和安全产品等多个领域，在MCU市场占据绝对优势。我国芯片自给率目前仍然较低，核心芯片缺乏，高端技术长期被国外厂商控制，中国芯片产业发展面临极大的挑战。通过分组讨论微处理器市场现状和我国国产自主芯片的发展情况，使学生认清国产芯片自主能力待提升的现状，鼓励学生将个人理想信念、追求融入国家和民族事业中。通过介绍中国芯片之父张汝京一腔热忱倾注“中国芯”的传奇故事，教导学生为祖国发展贡献自己的力量，培养学生做坚持不懈的践行者。

4. 嵌入式系统开发平台

嵌入式开发是利用分立元件或集成器件进行电路设计、结构设计，再进行软件编程、实验，经过多轮修改设计、制作，最终完成整个系统的开发。工业级嵌入式开发平台多采用ARM处理器，但芯片自主权、嵌入式操作系统自主可控发展体系、自主知识产权成果产业化水平、智能传感终端相关技术、标准化规范制定等方面都存在短板，导致中国工业互联网面临着工业控制系统、高端工业软件、工业网络、工业信息安全四个方面的“卡脖子”问题。应以工信部发布的《工业互联网创新发展行动计划（2021－2023年）》为指引，持续加大对于工业互联网相关领域关键技术产品研发的支持力度，进一步整合研发力量，突破一批关键技术成果，寻求工业互联网的四大“卡脖子”问题的破解之道。展示课程实践环节所依托的嵌入式软硬件开发平台，介绍其设计周期短、开发成本低及可复用性高等特点，鼓励学生在项目实践中要迎难而战，激发学生刻苦学习、不怕困难、坚持挑战学科前沿的勇气，教育学生能够本着大国工匠精神，助力工业互联网的发展。

（二）模块二：智能设备控制系统

1. 设备指示灯的设计与实现

GPIO（微处理器通用输入/输出接口）可实现对某些设备的控制或信号采集的功能，例如，路由器的电源、网络接收器、通信等指示灯，就是把GPIO引脚连接到LED，设置相应引脚为输出模式，并在该模式下向ODR寄存器的位写入数据，再通过锁存器输出对应数字值到I/O口，从而实现对LED灯亮灭的控制。路由器上面有很多个LED指示灯，不一样的指示灯代表不一样的含义，引导学生分组学习设备指示灯的控制原理和按键动作的捕获原理，基于嵌入式系统开发平台实现对按键和指示灯的联动控制，并讨论如何通过路由器的指示灯来判断网络故障。用深圳市普联技术有限公司旗下品牌TP－LINK销量连续10年位居全球第一的事实，以及新兴品牌华为、小米、360等民族品牌紧追其后的趋势，激励学生努力学习，为国而战，培养学生坚守民族品牌的民族精神。

2. 设备中断处理的设计与实现

在微处理器应用中，大多数情况下都需要处理多个来自不同中断源的中断请求，需要根据中断请求的紧急度或者系统设置确定的中高端请求次序依次做出响应，所以微处理器会在系统中国设置不同中断请求的优先级别。在某一时刻有多个中断源同时发出中断请求时，微处理器只响应其中优先级最高的中断源，当微处理器正在运行某个中断服务程序期间出现另一个中断源的请求时，如果后者的优先级低于前者，微处理器不予理睬，反之，微处理器应立即响应后者，进入嵌套中断，中断优先级的排序由其性质、重要性以及处理的方便性决定。通过讨论中共十八届六中全会提出的“四个意识”中的大局意识，引导学生要有中断优先级的概念，从思想上教育学生要学会抓住主要因素，略去次要因素，不盲目看待问题，充分利用群体力量，通过团队协作去发现、质疑与探索，培养学生的核心意识、辨识能力和实事求是的科学素养。

3. 电子时钟的设计与实现

电子时钟在设定闹钟后每天都可以准时响铃，将电子时钟的时间与标准时间进行比较时发现时间相差无几。电子时钟的时间在校准后可以较长的一段时间保持准确的原因主要是电子时钟中的微处理器使用了较为标准的时基，通过使用微处理器内部的定时提供准确的秒信号。奥运会的倒计时器和高考倒计时牌等都是基于该原理设计的，教育学生一定要做好时间规划，培养学生的时间观念、养成守时惜时的好习惯。与此同时，分析历届奥运会计时器历史沿革与发展，挖掘奥运倒计时蕴含的文化元素，探析奥运文化的人文价值内涵及意义，培育学生的人文精神，提升学生的人文素养。

4. 设备电压监测的设计与实现

随着汽车电子设备的普及，越来越多的汽车电子设备需要实时充电，车载电瓶供电也变得日渐频繁。汽车电瓶电压较低时可能无法顺利启动汽车，因此对汽车电瓶的电压实时了解变得较为重要。汽车的电瓶电压是模拟量，汽车嵌入式微处理器需要将电瓶电压转化为数字化电压，而AD的转化精度影响了电压监测值的精准度。围绕汽车电压实时监测的应用场景，分析中国智能汽车发展环境和智能汽车行业、无人驾驶汽车的发展现状，分组实现嵌入式微处理器采集汽车电瓶电压模拟量信号的系统设计。在实践中分组讨论ADI/Linear产品的超高精度可编程电压源的应用，分析电压源转换精度选取原则，教育学生要发扬不断潜心钻研技术的精神，培养学生的工匠精神。

5. 设备串口通信的设计与实现

为了提高城市的安全性，视频监控越来越普及，视频监控中三维控制键盘通常使用串口进行通信。根据电气标准及协议，三维控制键盘通信接口类型可以是RS－232、RS－485，其遵守相关通信的协议规约与标准，其串口通信的数据是按位顺序一位一位地进行发送或接收的，每帧数据是包括起始位、数据位、校验位和停止位。通过分组讨论通信的协议规约与标准，以通信双方遵守约定为切入点，引导学生在日常生活、学习和工作中要相互尊重、信守诺言、相互协作，培养学生养成诚实守信、践行诺言、平等互助、相互协作的优秀品质。

6. 设备显示器的设计与实现

随着科技的进步和时代的发展，可视化设备在我们生活中的应用越来越多。显示器是一种将特定电子信息输出到屏幕上的工具，根据选用存储器的特征确定时序模式，使用并行数据总线可提高刷屏频率。显示器已实现 2D 到 3D 的跨越，并可实现基于触摸屏的显示，中共二大会址纪念馆就是利用 3D 显示器让历史可触摸，发挥全国爱国主义教育基地作用。指导学生分组从 TFT LCD 的驱动方式入手，以 LCD 显示“红心”图形的任务开展实践活动，教育学生要听党话，坚定不移跟党走，勇做走在时代前列的奋进学子，培养学生人文底蕴的核心素养。

7. 微电脑时控开关的设计与实现

时控开关是一个由微处理器和相关电子电路等组成的电源开关控制装置，能够以天或星期循环且多时段地控制家电的开闭，适用于各种工业电气和家用电器的自动控制。继电器就是具有隔离功能的自动开关元件，在电梯分时段自动运行控制系统中是最重要的控制元件之一。围绕电梯分时段自动运行控制系统中微电脑时控开关的设计需求，分析工业电器和家用电器的自动控制开关，学习由微处理器和相关电子电路等组成的电源开关控制装置时控开关。借助香农经典论文的电子电路的设计方法，讲述香农首次用布尔代数对开关电路进行了相关的分析的过程，教育引领学生发扬崇尚理性、勇于探索、追求真理的，提升学生科学素养。

（三）模块三：智能传感器环境监测系统

1. 环境监测站点自复位的设计与实现

随着国家对生态环境保护的重视度加强，越来越多的传感器投入环境监测系统中，通过传感器收集包括温度、湿度、光照和二氧化碳浓度等多种数据，为环境监测提供支持。但是环境监测系统通常都放置在偏远或人迹罕至的地区，维护不便，而环境监测系统会因为环境或软件等原因出现的系统卡死或程序跑飞现象，单靠人工重启设备恢复不现实，可通过微处理器的看门狗功能实现环境监测点自复位功能，教育学生要有自省意识，不断发展和完善自己。同时，环境数据造假的案件并不鲜见，造假不仅干扰环境执法决策，而且也影响人们对环境治理的信心，让学生认识到数据造假的社会危害，培养学生实事求是的优秀品质。

2. 高速动态数据存储的设计与实现

电子设备日新月异，功能变得越来越强大，所要处理和存储的数据也越来越多，有些临时数据存储在 RAM 中，使用完成后可以释放掉，但也有一些数据则需要被长期记录、存储，数据的动态存储、随时存取是众多电子设备的重要环节。分组调研 NAND Flash 存储器芯片的发展，了解 3D NAND Flash 存储器的制造步骤、工序以及生产良率的提升情况。学习数据的动态存储和随时存取的方法，实践拓展应用 Flash 存储器，创新扩充设备存储容量。通过分组辩证方式，发起“大数据时代相关关系比因果关系更重要”的辩论，老问题新讨论，大数据视域下重新审视两者的关系，从马克思主义哲学分析大数据的价值，培养学生的辩证逻辑思维能力。

3. 温室大棚光照度测量系统的设计与实现

大棚内的光照度条件是作物进行光合作用的唯一能源，也是提高棚温、维持作物生长的热源。光敏传感器是最常见的光照度传感器之一，是利用光敏元件将光信号转换为电信号的，它的敏感波长在可见光波长附近，具有非接触、响应快、性能可靠等特点。围绕温室大棚场景开展项目开发实践，通过智能化助力中国农业大国变成中国农业强国的材料分析，讨论中国从农业大国到农业强国必须要过的“坎”，分析作物长势的好坏、质量和产量的高低与光照度、温度、湿度等因素密切相关，设计一套能自动、连续读取并显示传感器采集的环境测量值的检测设备，实现大棚环境信息采集。通过学习与实践让学生对中国农业发展有深入的了解，更加爱惜粮食，并将智能化发展中国农业为己任，让科技服务农业，强化学生将信息化技术运用到农业生产各环节的意识。

4. 建筑工地扬尘监测系统的设计与实现

根据国家生态环境部的监测数据，城市空气污染严重的深层次原因是我国工业化、城镇化过程中所积累环境问题的显现，而因建筑施工产生的扬尘污染也已经成为影响城市空气质量的主要原因之一。“环保铁汉”许宝森做好对污染防治设施建设运营情况、扬尘和噪声等污染指标的效果检查，主要是通过扬尘处理系统，其工作原理是利用气体在半导体敏感元件表面的氧化和还原反应导致半导体敏感元件电阻值、电阻率或电容发生变化而制成的，可以用于监测区域周围空气的颗粒物含量，并将监测数据发送至上位机进行数据处理。分组讨论扬尘污染对环境和人体健康的危害，分析施工现场扬尘污染防治措施，创新实现建筑工地扬尘监测系统的设计，共建绿色环保建筑工地。结合扬尘监测系统督促绿色文明施工的材料，教育学生一定要加强保护环境的意识。同时，教育学生要助力绿色文明生态校园建设，培养学生的社会公德意识。

5. 智能家居安防系统的设计与实现

红外光栅可与各类防盗报警控制器构成功能强大的安防报警系统，其采用多束红外线对射放射式，当发射器向接收器以低频发射、时分检测的方式发出红外线时，一旦有人员或物体挡住发射器发出的任何相邻两束以上光线超过一定的时间，接收器立即输出报警信号。以中兴通讯在北京召开以“极智生活、慧聚未来”为主题的智能家居战略发布会为例，引导学生去讨论小米、海尔、华为等国有品牌在智能家居领域的竞争问题，教育学生明白良性的竞争有利于行业发展，引导学生树立良性竞争意识，培养学生良好的职业道德。

（四）模块四：综合应用项目

1. 任务设计流程与需求分析

项目的设计与实施通常有三个步骤，分别是项目需求分析、项目设计与实现、项目测试与验证。项目需求分析是指分析项目的设计细节，在获得项目的设计细节后制定项目实施方案，根据项目实施方案分步骤实现项目的设计功能。项目程序设计完成后需要根据项目的实际场景进行项目测试，通过测试排除程序设计中技术漏洞，设备测试稳定后即完成项目设计。项目的设计与实施需遵循嵌入式软件开发编程规范及原则，与学生共同解读《计算机软件保护条例》，引导学生以既定法律法规为依据，运用法律思维观察和判断，依法从业，遵守职业操守。

2. 图书馆照明调节系统设计

图书馆如果阅读环境的光线不佳，不但会降低读者的感受，同时会对读者的眼睛造成伤害，通过智能化系统对图书馆的光照度进行有效监测，并对光线进行合理调节。为解决图书馆巨大空间造成光线分布不均与阅读体验不好的问题，综合应用 STM32 芯片、光照度传感器、LCD 显示器、RGB 灯、按键等模块，开发一套智能化系统对图书馆的光照度进行有效监测，实现照明系统的智能调节功能。在线监测图书馆照明调节系统能耗，并调研各大高校图书馆用电负荷等级，分组计算藏书量超过 100 万册的图书馆的日均耗电量，用数据让学生深刻明白节能减排的重要性，倡导学生要从我做起，打好节能减排攻坚战，改善校园环境，构建绿色校园，培养学生的社会责任意识。

3. 智能洗衣机控制系统设计

智能洗衣机控制系统可实现对洗衣机的洗涤、漂洗、甩干工作状态的智能控制及，并具备良好的人机交互界面。在项目设计上主要分为子系统协调功能设计、洗衣机功能子系统设计和人机交互子系统设计三部分。海尔洗衣机就是围绕洗衣机的人性化设计、简洁时尚、操作方便的潜在需求，优化人机交互界面，提高洗衣机的科技感和安全性。另外，青岛海尔俄罗斯洗衣机互联工厂还可以实现总部远程调试。当工人遇到设备调试、设备维修等技术问题难以处理时，连线国内的青岛总部工程师进行操作指导，教育学生要思考新世纪科技的发展，作为一名工程师所应该承担的社会责任、工程责任、伦理责任，提升学生工程伦理意识。

四、课程思政实施路径

“嵌入式系统设计与开发”课程思政实施路径如表 10 - 1 所示。

表 10－1　“嵌入式系统设计与开发”课程思政实施路径

课程模块	课程内容	课程思政元素	教学素材	教学实施建议	支撑专业课程思政二级指标	考核评价
模块一：嵌入式项目开发平台搭建	嵌入式系统的发展与应用	规划意识	问题：嵌入式系统相关岗位的就业前景和岗位职责	通过分组任务，开展嵌入式系统设计的岗位需求调研，利用各大招聘网站大数据分析，明确嵌入式相关岗位的人才需求现状和岗位要求，了解嵌入式系统主要应用领域和发展现状，引导学生做好大学生学业与职业规划，实现自我价值	2.1 人生价值	课后作业（1）： 请结合个人学业与职业规划，撰写不少于1000字的小论文，题目自拟，重点考查学生对人生观和价值观
	嵌入式操作系统	科技自信； 民族自豪感	案例：华为鸿蒙操作系统的问世	分组讨论操作系统国产化现状，分析中国的国产操作系统依托开源生态和政策东风正快速崛起的形势，坚定学生科技创新的自信心。以华为鸿蒙操作系统为例，分析中国在技术上的和政治上以及安全上的考量，燃起学生作为一名中国人的骄傲感和自豪感	1.3 文化自信 2.2 民族精神	小组讨论（1）： 调研中国桌面操作系统当前呈现两大特征，根据小组讨论评分表进行评分，重点考查学生的文化自信和民族精神
	嵌入式微处理器	科技强国的信念； 百折不挠	材料：中国自主芯片发展之路； 案例：中国芯片之父——张汝京	通过网络调研等方式，小组讨论目前我国自主芯片的发展情况，教育学生要秉承自主创新、科技强国的信念，为祖国发展贡献自己的力量。 通过讲述张汝京的人生发展之路，引导学生秉持积极进取的人生态度，树立正确的得失观、顺逆观、荣辱观，提高抗挫折能力，塑造坚强的意志	1.2 理想信念 5.3 个人品德	小组讨论（2）： 讨论技术自主可控的重要性，根据小组讨论评分表进行评分，重点考查学生的理想信念和奋斗精神

续表

课程模块	课程内容	课程思政元素	教学素材	教学实施建议	支撑专业课程思政二级指标	考核评价
模块一：嵌入式项目开发平台搭建	嵌入式系统开发平台	勇于担当	问题：中国工业互联网的“卡脖子”问题	讨论工业控制系统、高端工业软件、工业网络和工业信息安全四个方面的“卡脖子”问题，让学生认识到国内外的技术差距，引导学生勇担使命、为国奉献，善于在危机中育先机、变局中开新局，抓住机遇，应对挑战，激发学生不怕困难、坚持理想，刻苦学习挑战学科前沿的勇气	2.3 时代追求	课后作业（2）： 请结合智能装备制约工业互联网创新发展的问题，撰写不少于800字的论文，谈谈我国的破解计划，重点考查学生为国家建设做贡献的意识与愿望
模块二：智能设备控制系统	设备指示灯的设计与实现	民族品牌意识	案例：民族品牌的路由器产品	通过中兴、华为路由器产品性能参数的介绍，分组讨论中兴，华为等民族品牌在面对美国打压，如何一直不断突破自身，浴火重生。并借用华为心声社区发布了一条题为“没有伤痕累累，哪来皮糙肉厚，英雄自古多磨难”的文章，激励学生立志为国家强大而勤奋学习	2.2 民族精神	课后作业（3）： 分组讨论中兴、华为等民族品牌路由器的优势，撰写不少于 800 字的论文，重点考查学生将个人价值的实现与为国家做贡献紧密结合的意识
	设备中断处理的设计与实现	统筹的大局观	材料：谈大局意识——人民网	结合中共十八届六中全会明确提出全党要进一步强化“四个意识”的材料，讨论全局中断、中断优先级和优先级嵌套的作用，教育学生要学习处理好主要矛盾和次要矛盾的关系，做到轻重有序、缓急有度，培养学生的大局意识	3.2 科学素养	作品设计（1）： 应用 CMSIS 固件库函数，创新完成抢答器的设计，考核学生对中断优先级的理解，考查学生的全局思维和大局意识

续表

课程模块	课程内容	课程思政元素	教学素材	教学实施建议	支撑专业课程思政二级指标	考核评价
模块二：智能设备控制系统	电子时钟的设计与实现	文化精神；守时惜时	案例：奥运会倒计时器	以奥运会的倒计时器为例，引导学生发现其中蕴含的文化元素，提升青少年的人文素养。通过分组任务，创新设计电子时钟，教育学生建立良好的时间意识，养成守时惜时的习惯	3.1 人文素养 5.3 个人品德	作品设计（2）： 创新设计一款毕业倒计时器，外观凸显中国文化元素，计时精准到毫秒，提交设计作品，重点考查学生的人文素养
	设备电压监测的设计与实现	精益求精	案例：ADI/Linear 产品的超高精度可编程电压源	分组讨论 ADI/Linear 产品的超高精度可编程电压源的应用，分析模数转换的工作原理，掌握电压源转换精度选取原则，教育学生以高标准，严要求对待学习和工作，培养学生的精益求精的专业精神	3.4 工匠精神	课后作业（4）： 分析汽车电压监测的模数转换工作原理，提交作业到“超星学习通”平台，重点考查学生的工匠精神
	设备串口通信的设计与实现	规则意识；诚实守信	材料：通信的协议规约与标准	分组讨论通信规约的概念，以通信双方必须共同遵守规定或约定为切入点，教育学生在日常生活、学习和工作中要相互尊重、相互协作、诚信守则，引导学生养成践行诺言、敢于担当、平等互助、相互协作的品质	4.3 遵守规则 5.3 个人品德	课后作业（5）： 分析归纳一个优秀的人应具备的品质，字数不少于 500 字，重点考查学生的诚实守信的品质

续表

课程模块	课程内容	课程思政元素	教学素材	教学实施建议	支撑专业课程思政二级指标	考核评价
模块二：智能设备控制系统	设备显示器的设计与实现	红心向党；历史观	案例：中共二大会址纪念馆，多媒体展示让历史可触摸	通过案例的引入，分组讨论多媒体显示技术的发展，下发 LCD 显示“红心”的图案的实践任务，使学生在学习显示原理和实践应用的同时，坚持正确的历史观，培养学生“红心向党、不忘历史、青春与党同行”的意识，提升学生的人文素养	1. 1 党的领导 3. 1 人文素养	小组讨论（3）： 围绕“红心”开展小组讨论，根据小组讨论评分表进行评分，重点考查学生的人文素养
	微电脑时控开关的设计与实现	严谨科学态度	材料：美国数学家香农，在 1938 年发表著名论文《继电器和开关电路的分析》	通过对继电器的电路组成讲解，引入香农的论文，讲述香农首次用布尔代数对开关电路进行了相关分析的过程，引导学生敢于创新和探索，培养学生的科学素养	3. 2 科学素养	课后作业（6）： 简述继电器的结构及其工作原理，提交到学习通平台，重点考查学生的科学素养
模块三：智能传感器环境监测系统	环境监测站点自复位的设计与实现	生态意识；实事求是的品德	材料：环境数据造假事件	分组讨论传感器测量的技术标准，引入环境数据造假的反面案例，教育学生要保护环境，维护社会公德。教育学生必须对数据造假“零容忍”，培养学生实事求是的优良品德	5. 1 社会公德 5. 3 个人品德	小组讨论（4）： 围绕环境数据造假事件开展小组讨论，根据小组讨论评分表进行评分，重点考查学生对社会公德和个人品德的理解

续表

课程模块	课程内容	课程思政元素	教学素材	教学实施建议	支撑专业课程思政二级指标	考核评价
模块三：智能传感器环境监测系统	高速动态数据存储的设计与实现	创新时代精神； 数据意识	材料：NAND Flash存储器芯片的发展 问题：大数据的因果关系和相关关系	讨论存储器芯片的发展趋势，通过分组调研方式，了解Flash逼近制程物理极限以3D提升容量密度的时代科技创新技术。通过数据呈现出爆炸式的增长现象，讨论大数据的因果关系和相关关系，培养学生的数据意识，提升学生的科学素养	2.3 时代追求 3.2 科学素养	小组讨论（5）： 围绕“大数据的因果关系和相关关系”的问题开展小组讨论，根据小组讨论评分表进行评分，重点考查学生的创新时代精神和科学素养
	温室大棚光照度测量系统的设计与实现	科技兴农意识； 社会责任感	材料：智能化助推中国农业大国变成中国农业强国	通过分组讨论的方式，分析中国从农业大国到农业强国必须要过的“坎”，引导学生对中国农业发展有更加深入的了解，培养学生将信息化技术运用到农业生产各环节的能力，培育学生将智能化发展中国农业为己任，让科技服务农业的社会责任意识	1.2 理想信念 2.4 社会责任	小组讨论（6）： 围绕智慧农业的发展现状开展小组讨论，根据小组讨论评分表进行评分，重点考查学生对科技兴农的理解
	建筑工地扬尘监测系统的设计与实现	环保意识	材料：扬尘监测系统督促绿色文明施工	讲解施工现场扬尘污染防治措施，讨论环境污染对人体健康的危害以及预防措施，教育学生一定要强化环境保护意识，用所学专业知识和技术助力智慧文明城市的建设，培养学生的社会公德意识	5.1 社会公德	作品设计（3）： 基于嵌入式系统中传感器技术的应用，设计一套扬尘监测系统，给出绿色文明施工监管方案，重点考查学生的社会公德意识

续表

课程模块	课程内容	课程思政元素	教学素材	教学实施建议	支撑专业课程思政二级指标	考核评价
模块三：智能传感器环境监测系统	智能家居安防系统的设计与实现	良性竞争意识	案例：中兴通讯争夺智能家居入口	以中兴通讯在北京召开以“极智生活、慧聚未来”为主题的智能家居战略发布会为例，讲解华为、中兴、小米等企业在智能家居领域的竞争，让学生认识到良性的竞争有利于行业发展，引导学生能够在竞争中学习和提高，培养良好的学习习惯和良性的竞争意识	5.2 职业道德	作品设计（4）： 对比中兴、小米的智能家居产品，应用所学知识，设计一套全屋智能家居系统方案，重点考查学生辨析能力和良性竞争意识
模块四：综合应用项目	任务设计流程与需求分析	增强法制意识； 强化依法从业意识	材料：软件设计规范性 材料：《计算机软件保护条例》	通过分组讨论的方式强化学生对 C 语言的板级编程规则的理解，解读《计算机软件保护条例》规定的法律责任，引导学生以既定的法律规则为依据，运用法律规则进行观察、思考和判断，提高学生运用法治思维和法治方式的能力，强化依法从业意识	4.2 法治思维 4.4 依法从业	小组讨论（7）： 围绕《计算机软件保护条例》规定的法律责任开展小组讨论，根据小组讨论评分表进行评分，重点考查学生的法治思维能力和依法从业意识
	图书馆照明调节系统设计	生态意识	材料：高校图书馆用电负荷等级	分组调研高校图书馆耗电量，用数据让学生深刻明白节能减排的重要性和紧迫性，倡导学生要大力推进生态文明建设，增强学生节能减排意识，共建资源节约型绿色校园，肩负起“厉行节约，反对浪费”的社会责任	2.4 社会责任	小组讨论（8）： 围绕图书馆耗电量开展讨论，根据小组讨论评分表进行评分，重点考查学生节能减排的社会责任意识

续表

课程模块	课程内容	课程思政元素	教学素材	教学实施建议	支撑专业课程思政二级指标	考核评价
模块四：综合应用项目	智能洗衣机控制系统设计	伦理责任	案例：青岛海尔俄罗斯洗衣机互联工厂可实现总部远程调试	通过海尔将工业应用的虚拟现实技术从实验室搬到互联工厂的案例分析，让学生认识到远程调试工程师承担的工作和应负的责任，引导学生理解工程中的价值、利益与公正，提高学生的伦理意识，增强学生遵循伦理规范的自觉性	5.4 工程伦理	小组讨论（9）： 围绕青岛海尔洗衣机可实现远程调试的案例开展小组讨论，根据小组讨论评分表进行评分，重点考查学生的工程伦理意识

五、考核评价

根据“嵌入式系统设计与开发”课程思政教学实施路径中考核评价栏目规定的考核方式，过程性评价与终结性评价相结合，采用多元化考核评价方式，注重学生思想动态变化。

（一）过程性评价

1. 评价形式

评价形式如表 10－2 所示。

表 10－2　　评价形式表

评价形式	小组讨论	作品设计	课后作业
数量	9	4	6
占比	60%	25%	15%

2. 评价标准

小组讨论，小组代表汇报。组内学生自评占 20%，学生互评占 20%；全体学生评价小组代表汇报情况占 20%；教师评价小组代表汇报情况占 40%。小组代表汇报成绩作为小组成员成绩。小组讨论评价如表 10－3 所示。

表 10－3　　小组讨论评价表

项目	主题突出	思路清晰	价值正向	领悟深刻	备注
权重	0.5	0.1	0.2	0.2	

作品设计，本课程过程性评价中，作品设计共 4 个，每件作品满分 100 分。评分方式为：组内学生评价占 30%；全体学生评价占 20%；教师评价占 50%。作品设计评分如表 10－4 所示，适用于所有作品设计。

表 10－4 **作品设计评分表**

项目	理念新颖	元素丰富	作品完整	价值正向	备注
权重	0.6	0.1	0.1	0.2	

课后作业，本课程过程性评价中，课后作业共 6 个，课后作业根据学生完成情况由任课教师综合评定，采用百分制赋分，课后作业评分如表 10－5 所示。

表 10－5 **课后作业评分表**

项目	作业完成	知识掌握	知识运用	价值领悟	备注
权重	0.5	0.1	0.2	0.2	

（二）终结性评价

本课程采取非标准化考试的终结性考核方式。通过设计开放型、探究型试题以及非标准答案的试题，鼓励学生主动思考、发散思维。考核内容既考查专业知识的掌握和综合应用情况，又考查学生的政治认同、家国情怀、文化素养、法治意识和道德修养，培养学生成为具有家国情怀、德才兼备、心中有爱、腹中有墨、肩上有责的高素质社会主义建设者和接班人。

参考文献

[1] 习近平:《在全国教育大会上的讲话》, 载于《人民日报》2018 年 9 月 11 日。

[2] 习近平:《在全国高校思想政治工作会议上的讲话》, 载于《人民日报》2016 年 12 月 9 日。

[3] 习近平:《用新时代中国特色社会主义思想铸魂育人, 贯彻党的教育方针, 落实立德树人根本任务》, 载于《人民日报》2019 年 3 月 19 日。

[4]《教育部关于印发〈高等学校课程思政建设指导纲要〉的通知》, 中华人民共和国教育部网站, http://www.moe.gov.cn/srcsite/A08/s7056/202006/t20200603_462437.html, 2020 年 6 月 1 日。

[5] 教育部高等学校教学指导委员会:《普通高等学校本科专业类教学质量国家标准》, 高等教育出版社 2018 年版。

[6] 谭志虎:《计算机组成原理(微课版)》, 人民邮电出版社 2021 年版。

[7] 谢希仁:《计算机网络(第 8 版)》, 电子工业出版社 2021 年版。

[8] 汤小丹、王红玲、姜华、汤子瀛:《计算机操作系统(慕课版)》, 人民邮电出版社 2021 年版。

[9] 廖建尚、周伟敏、李兵:《物联网短距离无线通信技术应用与开发》, 电子工业出版社 2019 年版。

[10] 廖建尚:《面向物联网的 CC2530 与传感器应用开发》, 电子工业出版社 2018 年版。

[11] 廖建尚、何丹、程小荣:《物联网识别技术》, 电子工业出版社 2019 年版。

[12] 廖建尚、郑建红、杜恒:《基于 STM32 嵌入式接口与传感器应用

开发》，电子工业出版社 2020 年版。

[13] 王茗倩、顾卫杰、曹帅、杨保华：《高职物联网专业群课程思政教学实践机制探索》，载于《常州信息职业技术学院学报》2020 年第 2 期。

[14] 桑永宣、陈锐、梁树军：《数据结构课程中的思政教育探索与实践》，载于《河南教育（高等教育）》2021 年第 8 期。

[15] 童蔚苹、陈淑燕、杨帆、林柏锦：《课程思政元素挖掘与教学实践研究——以“Python 数据结构与算法”为例》，载于《教育教学论坛》2021 年第 34 期。

[16] 王莹莹、杨忠、杨成松、徐楠、殷婷婷、吴有龙：《课程思政在算法与数据结构课程中的应用探索》，载于《现代职业教育》2021 年第 50 期。

[17] 王新宇、潘雨青：《数据结构课程思政教学设计与实践》，载于《计算机教育》2021 年第 1 期。

[18] 李志刚：《计算机组成原理课程案例教学设计与实践》，载于《计算机时代》2020 年第 10 期。

[19] 高珊、靳禹：《基于课程思政的计算机组成原理教学设计探索》，载于《电脑知识与技术》2021 年第 18 期。

[20] 习近平：《习近平向第 83 届国际电工委员会大会致贺信》，载于《标准科学》2019 年第 11 期。

[21] 帅小应：《“德智融合”的“计算机网络”课程思政教学探索》，载于《黑龙江教育》2019 年第 10 期。

[22] 张延红、王海洲、朱春：《计算机类课程思政实践探索——以计算机网络课程为例》，载于《计算机教育》2020 年第 5 期。

[23] 张秀伟、马建朝、夏斌、吴彩华：《计算机网络技术与设备课程的思政教学探索》，载于《空军预警学院学报》2020 年第 2 期。

[24] 金虎：《课程思政的探索与实践——以“操作系统”课程为例》，载于《黑龙江教育（理论与实践）》2020 年第 1 期。

[25] 丁凯孟、徐楠：《人工智能时代的操作系统课程思政探索》，载于《教育教学论坛》2021 年第 12 期。

[26] 何静媛：《新时代下“课程思政”的探索与实践——以计算机专业课程〈操作系统〉为例》，载于《科教导刊（电子版）》2021 年第 1 期。

［27］田野、石振刚、臧晶：《通信工程专业〈无线通信系统〉课程教改探索》，载于《科技资讯》2021年第12期。

［28］范天娥、谢昊飞、黄庆卿：《“课程思政”在〈物联网通信技术基础〉课程教学中的建设与实践》，载于《教育教学论坛》2020年第39期。

［29］迟明路、钱晓艳、邱亚琴、邢倩、王元利、任沁超：《〈机器人检测技术与传感器〉课程思政案例分析》，载于《现代商贸工业》2021年第42期。

［30］郭振军、曾利、张余明：《基于课程思政理念的RFID原理及应用教学改革与探索》，载于《高教学刊》2022年第3期。

［31］王玺、于红旗、谭芳、刁节涛、李楠、刘森：《嵌入式电子系统设计课程思政的实践和探索》，载于《教育教学论坛》2020年第45期。

［32］朱梓悦、徐淑玲、莫琦、储开斌：《项目化课程的思政教学改革探索》，载于《科教文汇》2021年第12期。

［33］郭振军、曾利、张余明：《基于课程思政理念的RFID原理及应用教学改革与探索》，载于《高教学刊》2022年第3期。

［34］张宏伟、王新环、王静：《“嵌入式系统设计”课程思政资源挖掘及教学方法研究》，载于《工业和信息化教育》2021年第3期。